一流の「雑談」を手に入れる

話のネタ大百科

話題の達人倶楽部[編]

青春出版社

はじめに

「雑談がどうも盛り上がらない」という方には、ぜひこの本をお薦めしたいと思います。雑談が盛り上がらない原因は、おおむね話題が乏しいこと。面白い話材がなければ聞き手の興味を惹きつけられませんし、自分もノって話すことができません。それでは、会話が弾むはずもないでしょう。

そこで、本書には「大人の話のネタ」になる雑学を満載しました。いずれも話題にすれば、「ほう！」「へえ！」「ふーん！」と興味をもってもらえるネタばかりです。たとえば、「ひな祭りとこどもの日と七夕って、かならず同じ曜日になるんだよ」といえば、相手はきっと「へえ、どうして？」と興味をもってくれるはず。なぜ、そうなるかは、後ほどゆっくりご説明しましょう。

というわけで、あらゆるジャンルの「話のネタ」を収録したこの本。「最近、清涼飲料の自販機売り上げが落ちている理由」や「白い色鉛筆の正しい使い方」などなど、古今東西の面白ネタを楽しみながら、「コレ、使えるかも」という、あなたならではの「話のネタ」を発見していただければと思います。

２０２３年６月

話題の達人倶楽部

一流の「雑談」を手に入れる 話のネタ大百科＊目次

1 世の中のネタ ………………… 19

2 グルメのネタ

5 コトバのネタ……………… 199

column 頭の片隅に入れておきたいワンポイントネタ106

6 スポーツのネタ

7 歴史のネタ ……………… 287

8 地理のネタ……………… 321

10 理系のネタ……………………367

DTP■フジマックオフィス

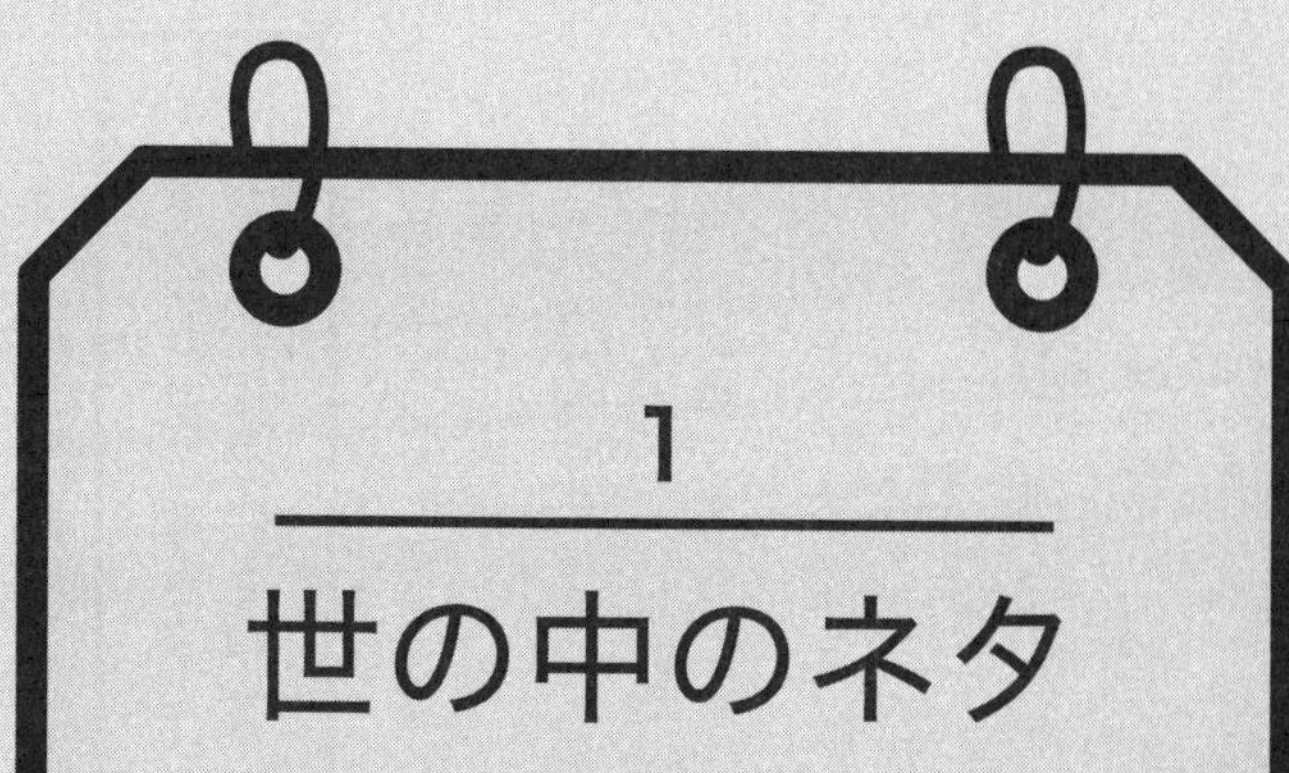

1 世の中のネタ

Conversation Handbook
for Mature People

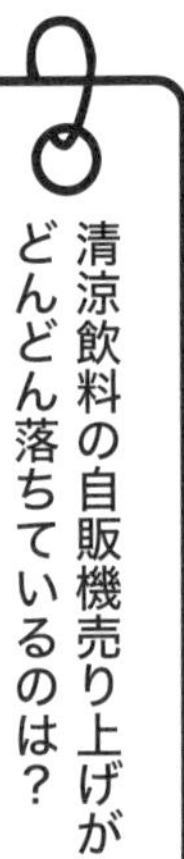

清涼飲料の自販機売り上げがどんどん落ちているのは？

近年、自動販売機での清涼飲料の売り上げが落ちこんでいる。

約30年前の1995年には、清涼飲料の約半分は、自販機で売れていた。ところが、その後、コンビニや安売りスーパーにお客を奪われ、2015年には30％を切った。その後も右肩下がりの状態は続き、今は20％に近づいている。

自販機の数は、2013年の247万台がピークで、今は200万台余り。そう大きくは減っていないので、1台当たりの売り上げが落ち込んでいるのだ。

とくに、この3年間は、コロナ禍の影響も大きい。最も大きな打撃を受けたのは、駅周辺とオフィス街の自販機である。リモート勤務がすすみ、人通りが少なくなったことで、売り上げが激減したのだ。

これまで、「自販機大国」といわれてきたわが国だが、こと清涼飲料に関しては、曲がり角に差しかかっていることは間違いない。

「お早めにお召し上がりください」の「お早め」とは？

乳製品やお菓子のパッケージには、よ

く「開封後はお早めにお召し上がりください」という注意書きが書いてある。この「お早め」とは、いったいどれくらいの時間を指すのだろうか？

菓子メーカーなどによると、保存状態や季節によって、おいしく食べられる期間は異なるので、具体的な期間は示しにくく、ケースバイケースになるという。寒い季節なら数日間保存できるものでも、夏場、常温で放っておくと、数時間で味が損なわれたり、香りが逃げる場合もあるためだ。

「お早めに」という注意書きは、「状況に応じて、臨機応変にお召し上がりください」という意味にとらえるのが正解といえそうだ。

表札を門の右側にかけるのはなぜ？

門や玄関の表札は、原則的に向かって右側に掲げるのがお約束。企業や学校、お役所の看板も、向かって右側の門柱にかけられている。

これは、門や玄関に向かって右側が上座に当たるからである。

古代中国の陰陽五行説では、この世の万物は、相反する二種類の「陰」と「陽」で成り立っているとされる。たとえば、「日」は陽であり、「月」は陰。「上」が陽で「下」が陰。同じように、「左」が陽で「右」が陰となる。

そこから、陽の左側を上座とし、〝左側〟に表札をかけるのだ。といえば、左右反対ではないかと思う人もいるだろうが、それは、家の中から見た左側で、戸外から玄関や門に向かえば右側となる。

電車の吊り革の形が東西で違うのは？

電車の吊り革の持ち手といえば、以前は○型、△型、□型、五角形など、いろいろな形が混在していたもの。ところが、今は、新型車に関しては、関東では△型、関西では○型が主流になっている。

そうなった理由は、それぞれの形が地域の事情に合っているから、といえそうだ。

まず、関東系の「△型」には、底面が直線になっている分、長時間つかまっていても疲れにくいというメリットがある。そのため、比較的、遠距離通勤・通学が多い関東地方に向いているという。

一方　関西で主流の○形には、△型のような尖った部分がない。その分、車体が大きく揺れたときなど、とっさのときにつかみやすいという。その分、比較的カーブが多い関西の路線に向いているという。

居酒屋で、ビールの栓を店の人が抜くのは？

居酒屋などで、瓶ビールを注文すると、店の人がビールの栓を抜いてくれるもの。お客が自分で栓抜きを使って抜くことはまずない。

店の人が抜くのは、お客に手間をかけさせないためでもあるのだが、もうひとつ、法律上の問題をクリアするためでもあるのだ。

居酒屋などで、未開栓のビールを出すと、お客がそのまま持ち帰ることもできる。すると、「酒類の販売」と見なされる可能性が出てくるのだ。飲食営業許可を受けた飲食店が提供できるのは、栓を抜いた酒類であり、栓を抜いていない酒類を販売するには「酒類販売業」という別の免許が必要なのだ。

通常、飲食店は、酒類販売業の免許は持っていないので、それに抵触しないよう、栓を抜いてからビールを出しているというわけだ。

ライブハウスで「1ドリンク制」を採用しているのは？

ライブハウスでは、多くの店で「1ドリンク制」が採用されている。ドリンク類を1杯は注文しなければならないというルールだ。

このルール、大半のお客は、「ライブハウスが売り上げを増やすために採用している」と思っているだろうが、本当の目的は別のところにある。ライブハウスは、役所の許認可関係をクリアするために、1ドリンク制をとっているのだ。

ライブハウスを運営するには、都道府県知事から「興行場営業許可」を取得することが望ましいのだが、この許可を得るには、建築物が細かな設置基準をクリアしていることが必要で、その取得はひじょうに難しい。

そこで、多くのライブハウスは、「特定遊興飲食店営業許可」を取得して、営業している。これは、酒類を提供する店に対する許可で、警察に申請すれば、興行場営業許可よりは、比較的簡単に取得できる。つまり、ライブハウスは、「音楽はあくまで添え物」「余興」ということにして、飲食店として営業している。その「建前」を通すには、飲食物を提供する必要があるので、1ドリンク制を採用しているというわけだ。

病院のベッドはなぜ硬い?

病院のベッドに対しては、患者から

「硬い！」と苦情が出ることがある。「硬くて眠れない」「腰が痛い」というわけだが、実際、病院のベッドのマットレスは、自宅用やホテル用よりも、硬めにつくられている。なぜだろうか？

その理由はいくつかあるが、第一には、患者が体を起こすとき、マットレスが硬めのほうが起きやすいことがある。マットレスがやわらかいと、力が分散して起きづらく、とりわけ体を自由に動かせない人にとっては危険でもあるからだ。

また、ベッド上でマッサージや指圧を行うとき、マットレスが柔らかいと、やはり力が分散し、効果が上がらないことがある。とくに、患者の容態が急変したときには、心臓マッサージを行う必要があるが、マットレスが柔らかいと、心臓マッサージも効きにくくなるのだ。

さらに、マットレスがやわらかいと、体が沈みこみ、体とベッドの接着面が大きくなるため、床擦れのリスクが高まることもある。というような、いろいろな理由から、病院のベッドは硬めにつくられているのだ。

試着室の「鏡」の秘密とは？

試着室の鏡には、「シェイプアップミラー」と呼ばれる特殊な鏡が使われていることがある。その鏡の特徴は、鏡面がすこし湾曲し、体のラインが細く映るようになっていること。お客は、その鏡に映った自分の姿に満足して、試着した服を買っていくというわけだ。

また、そうした特殊な鏡が使われていない場合でも、ライティングや鏡の設置位置などによって、試着室の鏡には、お客の姿がきれいに映るような工夫が施されている。

そこで、アパレルの専門家には、そうした「試着室効果」に惑わされないため、試着時には、いったん試着室を出て、外にある鏡に自分の姿を映したほうがいいとアドバイスする人もいる。

小学校の「机」に起きた大変化とは？

今の30代以下は、小学生のとき、すこし〝楽な思い〟をしている。１９９９年以降、小学校の机が、それ以前に比べると、大きくなったからだ。

同年以降、普及した机の天板サイズは、幅65センチ×奥行き45センチで、これは新ＪＩＳ規格と呼ばれている。一方、それ以前の机は、天板が幅60センチ×奥行き40センチのものが主流で、こちらは旧ＪＩＳ規格と呼ばれている。面積で比較すると、天板が約22パーセントも大きくなった。その分、勉強するにしても、机の上を広々と使えたというわけだ。

また、今の小学校用の机は、おおむね高さが調節できるようになっている。小学生は、1年生から6年生までの間に、平均で30センチ（身長の30％前後）も身長が伸びる。そこで、高さを調節できる机が使われているのだ。

一方、中学校や高校の机は、おおむね高さが調節できない。

中・高校生も身長は伸びるわけだが、比率にすると、小学生ほどではないので、費用対効果を考えて、比較的値段の安い、高さ固定型の机が使われているというわけだ。

軽自動車のナンバープレートが黄色なのは？

軽自動車のナンバープレートは、ご存じのように「黄色」。昔は、軽自動車も白地のプレートを付けていたのだが、1975年1月から黄色地に変わったのだ。なぜ、普通車と色分けされるようになったのだろうか？

それは当時、高速道路網の整備が急速に進んだことに関係する措置だった。当時の高速料金体系では、軽自動車は、普通車よりも20％ほど安く設定されていた。

むろん、当時はＥＴＣなど影も形もない時代であり、各料金所では、係員が肉眼で普通車と軽自動車を識別し、料金をその場で請求していた。

そのため、軽自動車のプレートを夜でも識別しやすい黄色にし、普通車と判別しやすくしたのだ。

現在は、ＥＴＣが普及したこともあって、一部で軽自動車用の白地プレートが復活している。五輪などの行事を記念した特別仕様ナンバープレートや、全国版・地方版の図柄入りナンバープレートなど、時と場合によって、申請すれば、白地のプレートを付けることが可能になっている。

水道料金の請求が2か月に一回なのは？

電気代、ガス代、電話代は、毎月請求され、毎月支払うことになっている。しかし、同じライフラインのなかでも、水道料金の支払いだけは、2か月に一度。なぜだろうか？

これは、水道検針の回数を減らすため。水道検針を毎月行うと、2か月に一度の場合よりも、人件費が1・7倍かかると試算されているのだ。また、2か月に一度の請求を毎月請求にすると、請求書などの発行コストも増えることになる。

そうしたコストをおさえるため、水道料金は、2か月に一度の支払いというシステムになっているというわけ。

ソムリエが首から下げている"灰皿"のようなものは？

ワインのソムリエが、首から下げている灰皿のような道具は「タストヴァン」と呼ばれる。かつて、酒蔵の中で、ワインの状態を見るときに使われていた道具だ。

タストヴァンの内側には凹凸があって、そこにワインを入れると、ワインの色がよくわかる仕組みになっている。薄暗い酒蔵内で、ワインの状態をチェックすることが、そもそもの目的だった。

むろん、現在のレストランでは使う機会はないのだが、ソムリエのシンボルとして首から下げられている。

「A1」「B1」…地下鉄出入り口の表示のルールとは？

東京の地下鉄の出入口の表示は、「1」「2」「3」と数字だけの駅もあれば、「A1」「B1」などと、アルファベットの文字と数字が混じった駅もある。どんな決め方をされているのだろう？

まず、数字だけの駅は、おもに路線が

1本だけの駅。一方、数字にアルファベットの大文字が混じる駅は、おおむね2本以上の路線が入っている駅。たとえば、霞ケ関駅の場合、日比谷線エリアには「H」がつき、丸の内線エリアには「M」、千代田線エリアには「C」がついている。

「松竹梅」で「松」が一番上って誰が決めた?

料理の区別を表すのに、最初に「松竹梅」を使ったのは、江戸中期のうなぎ屋とみられるが、もともとはむしろ料理をランクづけすることを嫌って、「松竹梅」と呼んでいたという。

そもそも、「松竹梅」という言葉は、中国古代で松竹梅を「歳寒三友」と重んじたことに由来する。冬の寒さに耐えながらも緑を保つ松の不易性、葉を落とすことなくすくすく伸びる竹の生長力、そして、春になると真っ先に花を咲かせる梅の生命力をたたえる言葉だった。

それが平安時代に日本へ伝わると、めでたいものという意味が込められ、芸能や文芸に取り入れられていった。江戸時代になると、「松竹梅」は祝賀のシンボルとして日本文化にすっかり溶け込んだ。

そこで、当時の高級店だったうなぎ屋では、竹であっても、松であっても大切なお客様に提供するうなぎであることに変わりはないという意味で、「松竹梅」を使うようになったのである。

東京スカイツリーの避難階段は何段ある？

東京スカイツリーは「自立式電波塔では世界一」とよく紹介されてきたが、「自立式って何？」と思った人もいたことだろう。

「自立式」とは、それ自身の構造だけで建っているもの。ビルの屋上に建っている電波塔などは「支線式」と呼び、塔本体が倒れないよう、ケーブルワイヤーなどの支線で支えている。

その支線式電波塔では、現在アメリカのKVLYテレビ塔が世界一で、その高さは623・8メートル。東京スカイツリーは計画当初、高さ610メートルだったため、「自立式電波塔としては」という但し書きがついていたのだ。それが結局は634メートルになったので、当時は名実ともに「世界一高いタワー」となったのだった。

ところで、その高さゆえに不安なのが災害時の避難経路だが、スカイツリーにも非常階段が設けられている。場所は、タワー中心部にある「心柱」の内部だ。

地上から上空450メートル地点にある展望回廊までをつなぐ避難階段の数は、

2523段。万が一のときは、その長い長い階段をひたすら下りることになる。

ただ、スカイツリーは、地震の場合、心柱システムで揺れが軽減されるよう設計されているうえ、避難階段の途中に待機場所が設けられるなど、状況に応じた対策も用意されているので、過剰な心配の必要はない。

なぜ飛行機への搭乗は左側から？

飛行機に乗るときは、機体の左側の扉から搭乗するが、それは、船の習慣に由来している。

昔の帆船は、舵（かじ）が船体の右側にはみだしていたので、港では左側で接岸し、そちらから乗り降りしていた。その習慣が受け継がれ、やがて船の形が変わって舵がじゃまにならなくなっても、左側から乗り降りされてきた。

そのルールが、飛行機の世界にも取り入れられたのである。

ひき肉の中身をDNA分析で見破れるか？

DNA分析の利用法といえば、事件捜査や親子鑑定くらいしか思い浮かばないという人が多いことだろう。ところが、意外なものの分析にも役立てられたこともある。ひき肉の中身を見破るために、DNA分析が使われたのだ。

その分析方法は、以下の通り。まず、調べたい肉からDNAを取り出し、牛なら牛、豚なら豚の特徴を示す塩基配列をもったDNA断片を試薬と一緒に加える。すると、同じ種類の肉なら、数時間で肉のDNAが増殖するので、それを紫外線に当てれば、何の肉か調べることができる。

とはいえ、その分析で牛肉であることはわかっても、それが「黒毛和牛100%」かどうかまではわからない。仮に、ひき肉のパック表示にウソが書かれていた場合、それを暴くことは可能なのだろうか。

すでに牛の産地や品種の違いも、ある程度わかるようになっている。たとえば、ホルスタインと黒毛和牛や、オーストラリア産牛肉と国産牛の識別などは、すでに分析が行われている。

温泉の「成分表」の正しい読み方とは？

どこの温泉にも、泉質、泉温、色、匂いなどの書かれた成分表が掲示されているものだ。

そこには、効能も書かれているが、そ

の成分表は、当てにならないこともあるので、注意が必要である。

というのも、成分表が示しているのは、あくまで湧出地における調査結果であって、じっさいに湯船にはられているお湯の成分ではないからだ。

たとえば、湧出地の源泉の温度が低ければ、入浴に適した温度になるまで湯を沸かすことがある。しかし、沸かすことで、源泉に含まれる成分は変化してしまう。

また、湧出地と温泉宿の距離が離れていると、湧出地からお湯をパイプなどで運ぶうちに、含まれる成分の量が減ってしまうこともある。

さらに、源泉に含まれる成分は、年月とともに変化しやすい。

30年も前の成分表を掲げている温泉もあるが、年月を経るうち、成分が変質しているケースも珍しくはないのだ。

「集中豪雨」という言葉が生まれたきっかけは?

「集中豪雨」という気象用語を最初に使ったのは、朝日新聞の記者だった。

1953年(昭和28)8月14日、京都府の木津川上流で大雨が降り、死者と行方不明者合わせて429人にもおよぶ大きな被害が発生した。

その翌日の朝日新聞（大阪本社版）に、「集中豪雨　木津川上流に」という見出しに続き、「寒冷前線は激しい雷と豪雨を伴って京都、滋賀、奈良府県境に当たる木津川上流に集中豪雨を降らせ……」という記事が載った。

この記事をきっかけに「集中豪雨」という言葉が使われるようになり、やがて気象用語として採用されたのである。

トイレのペーパーホルダーがきまって左側なのは？

トイレのペーパーホルダーは、〝個室〟の左側に設置されているもの。これは、多くの人が右利きであることを考慮して、左側に統一されているのだ。

右利きの場合、右のペーパーホルダーに右手を伸ばすより、左のペーパーホルダーに右手を伸ばしたほうが、紙を引っ張り出しやすいからだ。

また、ホルダーが左に統一されている理由は、それだけではない。

右手で引き出す場合、ホルダーを左側に設置しておいたほうが、ペーパーの使用量が少なくなるというデータがあるからだ。

右側にホルダーを設置すると、引っ張り出そうとするとき、腕が窮屈な状態になってしまう。すると、力が入って、紙を余計に引き出すことになってしまいがちなのだ。

ネットオークション、入札価格アップの裏ワザは？

ネットオークションで多くの人に入札してもらうには、閲覧した人が買いたくなるような工夫が必要。商品をただアップすればいいというものではなく、商品のメリット・デメリットを細かく伝える文章力や、魅力的に見えるような写真も必要になる。

では、文章力も写真テクにも自信がない人はどうすればいいのか？　商品背景の色を「赤い色」にしてみるといいだろう。

米バージニア大の研究チームの調査によると、「ネットオークションで商品の背景色を赤にすると、入札額が高くなる」傾向があることがわかったのだ。

これには、赤い色のもつ「攻撃性」が関係しているとみられるという。赤はエネルギッシュな色であり、ユーザーはこの色を目にすると、ほかの購入希望者に競り勝ちたいという気持ちがわいてきて、おのずと入札価格が上がっていくというのだ。

「出品しても売れないナ」とお悩みの方、一度試されてはいかが？

水道のレバーが「上げると出る」に統一されたきっかけは？

水道の蛇口操作をレバーで行うタイプには、かつて「上げると出る」タイプと「下げると出る」タイプが混在していた。ところが、2000年以降、「上げると出る」方式に統一された。「上げると出る」が生き残った理由は、二つある。

一つは、「下げると出る」方式では、レバーが劣化すると、自身の重みで下がり、水が漏れるケースがあったこと。もう一つは、「下げると出る」方式では、モノが落ちて当たったときに、水が出っぱなしになるからだ。

1995年の阪神・淡路大震災では、上から落ちてきたものがレバーにぶつかり、水が出っぱなしになるケースが続出。集合住宅では下の階に水が漏れ、一戸建てでも床に水があふれる事態が多発した。

それを教訓にして、日本工業規格（JIS）は、レバーを「上げると出る」方式に統一したのである。

ドライヤーの「冷風」機能はどんな時に役立つ？

ドライヤーを毎日使う人も、「冷風（クール）」を利用するという人は少数派ではないだろうか？

そもそも、なぜ「冷風」機能がついているのか、その理由を知っている人も、そう多くはないかもしれない。

髪は、ケラチンというたんぱく質が細かく結合してできている。ケラチンは髪を洗って水（湯）に濡れると分離するので、ドライヤーで乾かして再び結合させる。

これによって、ウェーブをつけたり、立たせたりと、髪を固定することができるのだ。

ところが、ドライヤーの熱風に長くさらしていると、今度は、その熱でケラチンが離れ、髪が固定されにくくなることがある。そこで、冷風機能で髪を冷やし、髪をより効果的にセットできるようになっているというわけだ。

つまり、熱風で髪を乾かしてセットした後、冷風を吹きかけると、セットがより固まり、長持ちするというわけ。

自動販売機で野菜ジュースをあまり見かけないのは？

飲料の自動販売機で「野菜ジュース」を見かけることは少ない。健康ブームにもかかわらず、自販機に野菜ジュースがあまり並んでいないのは、「指名買い」が多いからといわれている。

コーヒーやお茶、スポーツドリンクに比べると、野菜ジュースは、買う商品を決めている人が多い。つまり、野菜ジュースを買う人は、どの商品を買うかをあらかじめ決めているので、不特定多数を相手にする自販機には、そぐわない商品なのだという。

ただ、会社や学校内など、利用するメンバーがほぼ固定している自販機には、野菜ジュースが並んでいることもある。

硬貨の汚れの正体は？

銀行やお店で、たまにピカピカの5円玉や10円玉を受け取ることがある。ピカピカの硬貨をもらうと、何だかうれしいものだが、じつは古い硬貨でも中性洗剤やレモン汁で磨けば、簡単にピカピカの状態に戻せる。硬貨が汚れて見えるのは、表面で化学反応が起き、薄い膜ができた状態になっているから。その薄膜は容易にはがれるのである。

たとえば、5円玉は銅と亜鉛を混ぜて作られている。また、10円玉には銅とスズを混ぜたブロンズ像と同じ組合せの合金が使われている。それらの成分は、空気中の酸素や水分、手の汚れなどと結びついて化学反応を起こし、硬貨の表面に薄い膜を作る。その膜が黒ずんで見えているのが、硬貨の汚れの正体である。

1円玉はアルミが主成分で、50円玉や100円玉は銅にニッケルが含まれている。同じように空気中の酸素や水分などと化学反応を起こしているが、5円玉や10円玉に比べるとできる膜が薄いので、それほどは目立たない。

女の子を次々と入れ替える高級クラブの作戦とは？

高級クラブに行くと、隣りに座っていたホステスが、しばらくするとスッと席を立ち、その空いた席には、別のホステスがやってくるものだ。なぜ、クラブでは、1人の女性が同じ客をずっと接客するのではなく、途中で女性が入れ替わっていくのだろうか？

これは、お客のボトルを早く空けさせ、ニューボトルを入れさせるための作戦だ。

新しい女性が着席すると、彼女のために新しい水割りがつくられることになる。だから、女性が入れ替わる間に、ボトルの中身がみるみる減っていくことになるというわけだ。

日本茶の湯のみに取っ手がないのはどうして？

コーヒーカップやティーカップには、

取っ手があるが、日本茶用の湯のみには、取っ手がついていない。なぜだろうか？

理由は、湯のみを手で持つことで、飲み頃の温度を確認するためである。

日本茶の多くは、約60℃の温度で飲むのが最適とされ、一般的には、湯のみに手で触れて、ひと肌程度の温かさが、飲み頃といえる。

もちろん、湯のみの大きさや厚さによって、手に伝わる温度は変わるので、陶芸の世界では、飲み頃がわかるように造るのも、職人技の一つだ。

なお、番茶など、最初から熱い温度で飲む方がおいしいものは、湯のみの下についている高台に手を添えて飲むとよい。

低価格自販機を可能にした、コスト削減のカラクリは？

近年、低価格自販機をときおり見かけるようになった。通常、１４０円ほどの缶やペットボトル入りの飲み物が、１００円前後で買える自販機である。通常価格から数十円前後も値引きできるのは、仕入れを工夫しているからである。

一般に、自販機の管理・運営は、飲料メーカーがグループ内で行うケース、提携しているオペレーター会社が行うケース、そして独立系の会社や個人が行うケースの３つがある。

低価格自販機を運営しているのはおもに独立系の会社や個人で、賞味期限の迫った商品、在庫過剰となった商品、季節はずれとなった商品などを大量に低価格で仕入れて、通常価格より安く販売しているのである。

もちろん、1本あたりの利益は下がるが、通常の自販機より多くの売り上げを見込めるため、商売としてちゃんと成り立っている。

高級毛皮をクリーニングする特別な方法とは？

毛皮をドライクリーニングすることはできない。

ドライクリーニングの長所は油汚れを落とせることにあるが、毛皮製品をこの方法で洗うと、毛や皮に含まれている脂分まで取り除いてしまうことになる。すると、毛皮はパサパサになって、つやが消えたり、型崩れするおそれが高いのだ。

そこで、クリーニング店では、毛皮には「パウダークリーニング」と呼ばれる方法を用いることが多い。

トウモロコシの芯やカエデの木のパウダー（粉）を使って、汚れを落とす方法だ。

その粉に洗浄液・柔軟剤・ツヤ出し液などを含ませた後、毛皮と一緒に洗浄器に入れると、汚れがとれるのだ。

トウモロコシの芯は、活性炭のように微小な孔が多数開いた構造になっていて、その孔に油分やホコリなどの汚れが吸着するという仕掛けだ。汚れを吸着した後は、粉をきれいに払い落とし、後は「グレージングマシン」（毛皮起毛仕上げ機）で、寝た毛をふわっと起こせば、クリーニング終了となる。

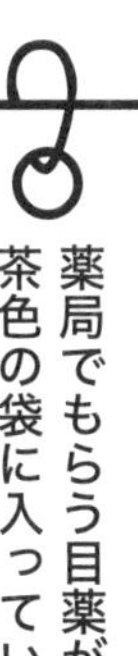

薬局でもらう目薬が茶色の袋に入っているのは？

眼科に行ったあと、薬局で処方してもらう目薬は、オレンジ系や茶系の袋に入っていることが多い。透明なビニール袋に入っていることは、まずない。

それは、薬の変質を防ぐため。太陽光線には物質を分解したり、変化させる働きがある。なかでも、紫外線の影響力は強力だ。

一方、目薬には、太陽光線によって変質しやすい成分が含まれ、とりわけ抗生物質成分は光に弱い。

そのため、目薬を透明な袋に入れると、太陽光線によって変質するおそれが高まるので、色付きの袋に入れて薬を保護しているのだ。そのような袋は、遮光袋と呼ばれている。

とくにオレンジ色や茶色の袋が多いの

も、紫外線対策のため。紫外線をもっとも通しにくいのは、黄色や茶色、そしてその中間色のオレンジ色なのだ。

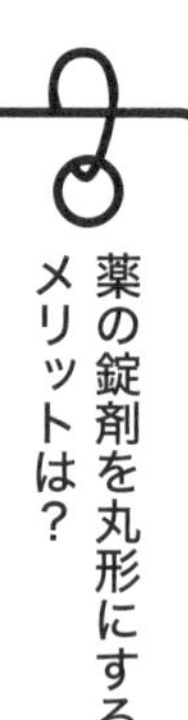

薬の錠剤を丸形にするメリットは？

薬の錠剤には丸型のものが多い。五角形や六角形のものもあるが、少数派だ。錠剤が丸型につくられるのには、さまざまな理由がある。

第一には、欠けにくいから。四角形や三角形だと角がとがっているので、そこから欠けやすく、保存性に難点があるのだ。

また、歴史的にみれば、機械のない時代、手でつくるには、丸形がいちばん便利だったこともある。丸形ならこねればいいだけなので、もっとも手早くつくれたのだ。

それに、飲みやすさも加わる。丸型なら、のどにひっかかりにくいし、〝味つけ〟もしやすい。たとえば、甘い味をスプレーでコーティングするとき、丸型だとまんべんなく味をつけやすいのだ。

炎から消防士を守る「防火服」の構造とは？

火災現場では、炎から10メートル離れ

た場所でも、温度が300℃以上となることもある。

木材の燃焼温度が約260℃なので、木が生えていれば燃え上がってしまうような熱さだが、そんな過酷な環境の中で、消防士の命を守っているのが「防火服」である。

ただし、防火服といっても、燃えにくいというだけで、燃えないわけではない。基準は、炎を水平に10秒間接炎させても、穴が開いたり、溶けたりしないというもので、そのために三重構造となっている。

まず、表素材には、400℃まで耐えられる「アラミド繊維」や、熱に強い「ザイロン」が使われている。また、表側の繊維には二重構造糸が使われ、動きやすく仕上げられている。

「透湿防水層」と呼ばれる中地には、高い透湿防水性をもつゴアテックスが使われ、汗や熱を排出して、内部の温度や体温の上昇を抑えられるようになっている。

さらに、裏地には、換気性のよいコードレーン（凹凸）織物を採用。蒸れた空気をすばやく換気し、内部の温度上昇（ヒートストレス）を防いでいる。

皇居のなかには、どんな建物がある？

東京都千代田区の皇居。そのなかには、

どんな建物があるのだろうか？

まず、二重橋から入ってすぐの右手には「宮殿」と「宮内庁」がある。そのうち「宮殿」には、天皇が公務を行う「表御座所」、主要儀式が行われる「正殿（せいでん）」などがある。たとえば、新内閣が発足したとき、内閣総理大臣の親任式と大臣の認証官任命式が行われるのは、正殿のなかでも、もっとも格式の高い「松の間」だ。

また、宮中晩餐会が行われるのは宮殿のなかでもっとも広い「豊明殿」。新年や天皇誕生日の一般参賀のさい、皇族が並んで手を振られる建物は「長和殿」と呼ばれている。

宮殿と宮内庁エリアの奥には、「吹上御苑」と呼ばれる天皇家の住居エリアが広がっている。「御所」は地上2階、地下1階の建物だ。また、このエリアに、宮中三殿がある。

そして、皇居の東側には「皇居東御苑」が広がっている。かつて江戸城の本丸、大奥、天守閣などがあった場所であり、一般公開されているので、一般国民も散策できるエリアとなっている。

山の中の送電線は、誰がどうやって張っている？

山の中に高い鉄塔が立ち、深い谷をま

たぐように尾根から尾根へ張られた送電線を見かけることがある。

その鉄塔間の距離が1キロもあるケースもあるので、とても人力では張れそうにないが、じっさいにはどのようにして張っているのだろうか？

多くの場合、ヘリコプターを利用している。最初にヘリコプターを利用して張るのは、送電線ではなく、直径1センチほどの細いロープ。そのロープをヘリからぶら下げ、鉄塔の上空へ飛ぶ。そして、ロープの端を鉄塔上部の滑車にかける。その後、ヘリがもう一方の鉄塔上空へ飛び、片方の端を滑車にかけて鉄塔間にロープを渡す。

それから、ロープの一方に太いワイヤをつないで逆側から巻き取れば、太いワイヤが鉄塔間を渡る。最後に、太いワイヤに電線を結びつけて巻き取れば、深い谷の上に送電線を渡すことができるのである。

ちなみに、この架線作業で使うヘリコプターには、じっさいにパイロットが乗り込むものと、リモコンで操作するタイプの2種類がある。

水族館の水は、どこから調達するの？

日本は、世界で一番水族館の多い国と

いわれる。そんな水族館に欠かせない海水には、大きく分けて三つの調達法がある。

第一は、海近くの水族館の多くが採用している方法で、近くの海から引くという方法。海から取水路を設け、潮の干満を利用して海水を引き込んでいる。二つめの方法は、遠くからタンク車などで海水を運んでくるという方法である。三つめの方法は、内陸部の水族館で採用されている方法で、海水パウダーを地元の井戸水などに混ぜるというもの。今では内陸部でもこの方法で〝人工海水〟を簡単に調達できるし、おまけに病原菌が混じる危険も低くなるそうだ。

勲章や腕章をつけるのはなぜ決まって体の左側？

軍人は、勲章を左胸に着用する。おまわりさんの腕章やサッカーのキャプテンマークも、左腕につける。さらに、社員章や弁護士バッジ、議員バッジなども左側につける。

勲章やバッジなどを左側に着用する習慣のルーツは、中世の十字軍にあるとみられる。

十字軍の戦士たちは、命をかけた戦いに勝ち抜いたことの証として、勲章を心臓の上につけた。そこから、勲章などを体の左側につけるようになったと考えられている。

ウイルスって、一体何のこと？

コロナウイルスなどのウイルスを細菌の一種だと思っている人もいるかもしれないが、そうではない。ウイルスは、生物と無生物の間にある「無生物的生物」の一つなのだ。

生物の定義は、細胞内でタンパク質をつくり、自分の力で増殖できることだ。細菌も生物に属し、原核生物と定義されている。

それに対して、ウイルスは自らタンパク質をつくり出すことができないし、自力では自己増殖もできない。その意味では無生物ということになるが、他の生物に寄生すれば増殖できる。その点では生物的であるから、無生物的生物の仲間に入れられている。

気象衛星が、真っ暗な夜でも写真を撮影できるのは？

気象衛星は、夜間を含めて雲の状態を撮影し、地上に送ってきている。なぜ、暗闇でも撮影できるのだろうか？

これは、気象衛星には、赤外線センサ

ーと可視センサーの2種類のセンサーが搭載されているから。昼間の撮影は可視センサー、夜間撮影は赤外線センサーで行われているのだ。

近年は、インターネットでも気象衛星からの画像を見ることができるが、そのうちの夜間分は赤外線センサーによる画像というわけだ。

テレビ局によって、天気予報が違うことがあるのは?

同じ朝の天気予報でも、テレビ局によって、予報の中身が微妙に違っていることがある。

さすがにA局が「晴れ」で、B局が「雨」などと極端に違うことはないが、「今日は1日中曇り」と「夕方に小雨が降る」といった違いがあるのは珍しいことではない。

これは、天気を予報をする会社がいくつもあるためだ。

かつて、日本で天気予報を出すことができるのは、気象庁だけだった。そのため、どのテレビ局の天気予報もまったく同じだったが、1993年、気象庁から許可を受けた民間会社も天気を予報できるようになった。

また、気象予報会社や気象予報士は、気象庁がコンピュータを使って集めたデータなどをもとにして、独自の方法や経験などを加味して予報している。そのため、細かな点では、気象予報士の判断によって、予報が微妙に異なることがあるのだ。

したがって、テレビの天気予報も、そのテレビ局が契約する会社や気象予報士によって微妙に異なる場合があるというわけだ。

信号機の色が見やすくなった理由とは？

かつての信号機は、西日が当たると、どの色も光っているように見えて困ったものだが、いまは、何色が光っているのかよくわかる。信号機の色がよく見えるようになったのは、電球が白熱灯からLEDに切り換えられたからである。

かつての信号機は、白熱灯、色つきレンズと反射鏡からできていた。そのため、西日がまともに当たると、色つきレンズと反射鏡によって、どの色も光っているように見えた。

一方、LEDは、発光する光そのものに色がついているため、色つきレンズが不要になった。さらに、電気を流して発光するため、太陽光が当たっても影響は受けない。そのため、西日が当たっても、見間違えることがなくなったのである。

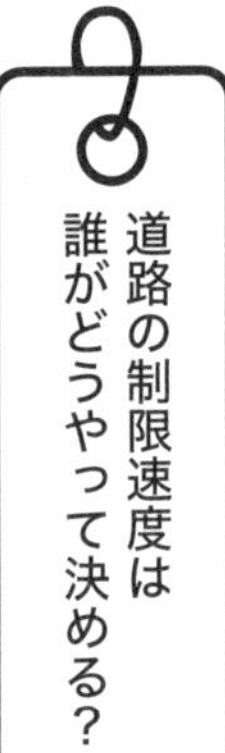

道路の制限速度は誰がどうやって決める？

たとえば、ある道路の速度制限がそれまでは時速40キロだったが、ある日から50キロに変更されることがある。そうした道路の制限速度は、誰が決めているのだろうか？

それは、各都道府県の公安委員会である。じつは、制限速度を決める全国共通のガイドラインはない。

法定最高速度は、一般道の場合、時速60キロとされているが、それぞれの道路や地域の事情が異なるため、各道路の制限速度は、都道府県の公安委員会にまかされている。

もっとも、はっきりした決まりはないとはいえ、制限速度を決める一応の目安はある。

片側2車線以上で中央分離帯と分離歩道があれば時速60キロ、その条件を満たさない一般道は時速50キロ、市街地は時速40キロ、住宅街は時速30キロというのが、だいたいの目安だ。

安全運転のために、タイヤに施されているひと工夫とは？

ラジアルタイヤのラジアルは「放射

状」という意味。タイヤの骨組みとなる繊維を放射状に織ってつくるところから、この名が付けられた。

タイヤというと、単なるゴムの塊と思われがちだが、ゴムの強度だけでクルマの重みを支えることはできない。

そこで、自動車用タイヤの内側には、ポリエステルなどの化学繊維が補強材として使われている。

そのさい、繊維の織り方によって、タイヤの性質は変わってくる。タイヤの回転方向に対し、放射状に織ってあるのがラジアルタイヤで、この織り方だと化学繊維は伸びきることがなく、ゴムを十分に補強するうえ、摩擦力を高め、スリップしにくくなるのだ。

ただし、その反面、乗り心地は多少犠牲になる。

パトカーや消防車も、自動車保険に入っているか？

パトカーや救急車、消防車といった緊急車両も、事故を起こすことがある。場合によっては賠償責任が生じることもあるが、そうした緊急車両も、任意保険に入っているのだろうか？

それは、都道府県によって違っている。たとえば、大規模な組織をもっている自治体の場合、自賠責保険には全車が加入しているが、任意保険には入っていないところがある。

というのも、何千台もの車両があるわりに、事故といっても年間10件前後で、それも軽い接触が大半である。

そのため、任意保険に加入するより、自力で賠償するほうが安く上がるからだという。

その一方で、任意保険にも加入している県もある。

ちなみに、任意保険に加入していない緊急車両が事故を起こしたときには、被害者との交渉は自治体が行い、高額賠償を支払うさいには議会の承認が必要になるケースもあるという。

車寄せは、なぜ時計回りなのか？

ホテル、ゴルフ場のクラブハウス、ショッピングセンター、学校など、車寄せは通常、時計回りになっている。建物に向かって左側から車が入り、右側から出ていく。車寄せが時計回りなのは、日本ではクルマが左側通行であることと関係している。

クルマが左側通行ということは、建物は車体の左側にくる。すると、乗客はクルマの左側から乗り降りするため、クルマ寄せは時計回りにした方が便利なのである。

なお、アメリカをはじめ、クルマが右側通行の国では、車寄せは反時計回りが主流だ。

まったく同じ消防車は一台もないって本当？

一言に「消防車」といっても、「化学消防ポンプ自動車」「屈折はしご付消防ポンプ自動車」「小型動力ポンプ付水槽車」「救助工作車（レスキュー車）」など、さまざまな種類に分かれている。

さらに、同じような車種でも、細かな仕様や装備を見ていくと、全国にまったく同じ消防車は一台たりとも存在しないといっていい。

各地の消防本部などが新車を導入するときは、地域の事情に応じて、その仕様や装備を決め、メーカーに発注するからだ。都心部か山間部かだけでも、消防車に求められる機能は大きく違ってくるのだ。

たとえば、地域によっては、物の上げ下ろしに使用するウインチが必要だが、都市部では、それよりも高層ビル火災に対応するため、梯子が必要な場合もある。

というように、仕様や装備の一つ一つまで細かく見ていけば、全国にまったく同じ消防車は一台もないといえる。

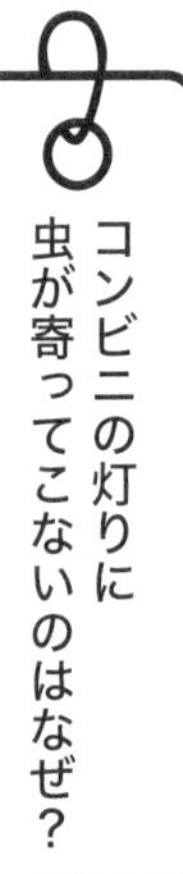

コンビニの灯りに虫が寄ってこないのはなぜ？

自宅に帰る途中、ふとコンビニの灯りに誘われて、店内に引き寄せられることがある。しかし、不思議なのは、人間よりも、夜の灯りによほど誘われやすい虫たちが、コンビニの灯りには寄りつかないことである。

いったい、どんな仕掛けが施してあるのだろうか？

光は、ご存じのように、波長の違いによって、色が異なってみえる。そして人間には、波長の短い紫外線や、波長の長い赤外線は見えないが、昆虫は人間の見えない紫外線にもっとも強く反応する。

そこで、コンビニの照明は、紫外線をカットし、人間には明るく見えるのに、昆虫には明るいとは感じられないという光で店内外を照らしている。

コンビニは、紫外線をカットすることで虫たちから無視されることに成功したのである。

地下鉄車両の非常口はどこにある？

地上を走る電車の場合、非常口は車両の側面に設けられている。「非常口」と表示された扉があるので、多くの人が見慣れているだろうが、その幅は40センチ、縦が120センチ以上で、大人1人がかがめば通り抜けられる大きさと決められている。

また、その付近に段差や突起物がないこと、外開き戸か引き戸とすること、非常時には手動で動かせ、自重で閉まらないこと、扉が開くと自動的に点灯する灯火を設けることといった決まりがある。

一方、地下鉄には、地上用電車と同じところには非常口がない。じつは、地下鉄の非常口は、先頭車両の前面に設けることになっていて、そこにドアがついているのだ。

というのも、地下鉄のトンネルは、一般鉄道のトンネルに比べて幅が狭いため、車両側面に非常口を設けると、車外へ降りにくいからである。そこで、前面に設けられた非常口から、はしごを使って車外へ出、線路上を歩いて避難する。そのため、一般鉄道の車両でも、地下鉄と相互乗り入れする車両は、先頭の前面にも非常口が設けられている。

空港でパスポートをスキャンして、何と照合しているのか？

海外旅行などで外国に到着すると、まずイミグレーションで入国手続きをしなければならない。

　係官はパスポートを機械にかざしてスキャン。モニターでチェックすると、パスポートを返してくれる。そのパスポートをスキャンする機械は、じつは、「インターポール（国際刑事警察機構）」のデータベースとつながっている。

　かつては、イミグレーションで、旅券がブラックリストに入っているかどうかを係官がチェックしていた。その照合に時間がかかり、係官の前でしばらく待たされたり、なかなかパスポートを返してもらえないこともあった。

　また、パスポートが怪しいと思われれば、別室に連行され、係官がインターポールに問い合わせている間、待機させられた。また、国際手配中の日本人と、姓名が似ているというだけで、空港で長く留め置かれたという人もいた。

　現在では、パスポートの照会は一瞬の作業となり、世界の多くの国と地域で採用されている。

ビジネスクラスが機体の前方に置かれるのは？

　旅客機では、一般に前方の席ほど快適とされる。エンジンより前のほうが、振動が少なく、エンジン音も静か。ファーストクラスやビジネスクラスが前方に置かれているのも、そのためだ。

また、前方のほうが乗り降りもスムーズだし、ドリンクや食事も前方から配られることが多い。

一方、後方の座席はエンジンに近いか、その後ろになるため、騒音や振動が比較的大きくなる。ご存じのように、機内サービスも後回しにされがちだ。

警察官は、検問で停めた車のどこを見ている?

G7の会合など、大規模な国際会議が行われると、その数日前から、会場周辺では検問が行われる。警察では、そのような検問を「警備検問」と呼んでいる。

一方、事件発生直後、逃走する容疑者の検挙を目的に行われるのは「緊急配備」である。

「緊急配備」では、警察官は、車を停めると、運転手に免許証の提示を求める。ただ、その時点で、犯人の氏名や顔がわかっているケースは少ないので、免許の提示を求めるといっても、その記載事項や写真を詳しく見ているわけではない。

そうした検問中、警察官が注意を払っている点は、運転者の態度と、クルマの中に不審人物が潜んでいないか、不審物が隠されていないかの3点である。

つまり、車両検問で免許証の提示を求

めるのは、車内の人物の表情や態度を観察するための〝口実〟でもあるのである。

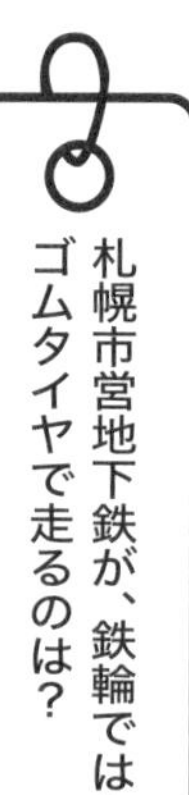

札幌市営地下鉄が、鉄輪ではなくゴムタイヤで走るのは？

札幌の地下鉄は、車両にゴムタイヤが使われていることが、大きな特徴。ゴムタイヤを採用した理由は、当初の計画では、駅と駅の間を300メートルにすると想定していたからである。

市電に代わる地下鉄ということで、当初は駅と駅の間隔を市電並にという構想だったためだ。駅間が短く、加速・減速を繰り返す場合には、制御しやすい分、通常の鉄輪よりもゴムタイヤの方が適しているのだ。

ゴムタイヤは、当時すでにパリなどの地下鉄でも導入されていたが、札幌の地下鉄は、鉄輪と併用するパリ地下鉄よりも進んでいて、中央の1本のレールの両側をゴムタイヤではさんで走行するもので、「札幌方式」と呼ばれている。ふつうの車輪より、登坂に強く、騒音が少ないという利点がある。

もしバスジャックされたら…運転手はどう対処する？

「バスジャック統一対応マニュアル」に

よれば、バスジャックされた運転手は、こっそりと行き先表示を操作することになっている。前面、側面、後面の3ヵ所ある表示板に、「SOS」の赤い文字と、「緊急事態発生すぐに警察に連絡して下さい」のメッセージを表示するためである。

また、運転手は、無線装置などによる緊急通報やハザードランプの点灯、パッシングの継続、防犯灯の点灯などによって、緊急事態の発生を車外へ連絡することになっている。

そうした対応マニュアルが、日本バス協会によって確立されたのは、2000年のことで、この年の5月に起きた「西鉄バスジャック事件」がきっかけとなった。

空港の滑走路が真っ平らになっていないのはなぜ？

空港の滑走路は真っ平らと思っている人がいるかもしれないが、じつは平らではなく、両サイドから中央部にかけて、少しずつ盛り上がっている。

勾配がつけられているのは、雨天時に水はけをよくするためである。

離陸する際、飛行機のスピードは、おおむね時速200キロ前後は出ている。それほどの高速で、雨の日に走行すると、タイヤと路面の間に水が入り込み、ブレーキが利かなくなることがある。

その現象を「ハイドロプレーニング」といい、思わぬ事故につながることもある。

滑走路に勾配がつけてあるのは、少しでも水はけをよくして、このハイドロプレーニング現象を防ぐためである。

また、同現象を防ぐため、路面には、幅、深さともに6ミリの小さな溝が刻まれている。

この溝を32ミリ間隔に刻むことで、雨天時、タイヤと路面の間の排水を助けているのだ。

また、その溝は、雨天時以外にも、ブレーキの利きをよくするという役割も果たしている。

ボディガードはクライアントをどのように守っている？

そもそも、民間のボディガードには、襲撃者を逮捕する権利がない。したがって、襲撃者を倒すと、自分が傷害罪などで警察から逮捕されかねない。そこで、優秀なボディガードの条件は、襲撃者を追い払うことではなく、いかに危険を事前に回避するかになる。

そのため、彼らの最大の仕事は、クライアントのスケジュールに合わせて、もっとも安全な移動経路や手段を考え、護衛の方法を練ることになる。

また、レストランなどで食事をする場合には、クライアントをどこに座らせるかまで事前に検討しておく。

ホテルの部屋に入るなら、その経路も事前に検討し、襲撃者が潜んでいそうな死角と、その場所での防護法を頭の中に入れておく。

それでも危険が迫れば、彼らは体を張ってクライアントを守らなければならない。

危機的状況からの脱出が最大の目的なので、彼らの装備は防弾ベスト、特殊警棒など、デフェンス重視である。

「施政方針演説」と「所信表明演説」の違いは?

「政府四演説」といえば、通常国会の冒頭に行われる首相の施政方針演説、財務大臣の財政演説、外務大臣の外交演説、経済財政担当大臣による経済演説のことをいう。

各党の党首クラスが行う代表質問は、この四演説を受けて行われる。

また、首相は施政方針演説のほかに、「所信表明演説」を行うこともある。両者はどう違うのだろうか。

まず、施政方針演説は、通常国会の冒

頭に行われ、内閣全体の基本方針を語る演説。一方、所信表明演説は、臨時国会や新しい首相が決まる特別国会で行われる演説。

首相がこれからどのような政治を行うのか、政治家としての考えを明らかにする演説だ。

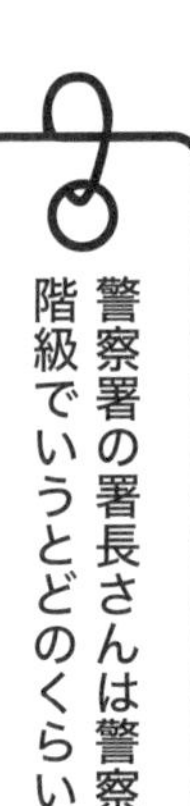

警察署の署長さんは警察の階級でいうとどのくらい？

警察の階級は、下から順番に「巡査」「巡査部長」「警部補」「警部」「警視」「警視正」「警視長」「警視監（警視庁の場合は警視総監）」となっている。

そして、全国の警察官約23万人のうち、巡査が約30%、巡査部長が約30%、さらに警部補が約30%と、下から三階級だけで90%を占めている。

残りは、約7%が警部で、約3%が警視以上の上級幹部である。

では、警察署の署長クラスで、どの階級になるかといえば、上から3番目の警視正か、4番目の警視。警察署の課長クラスで、上から5番目の警部か、6番目の警部補である。

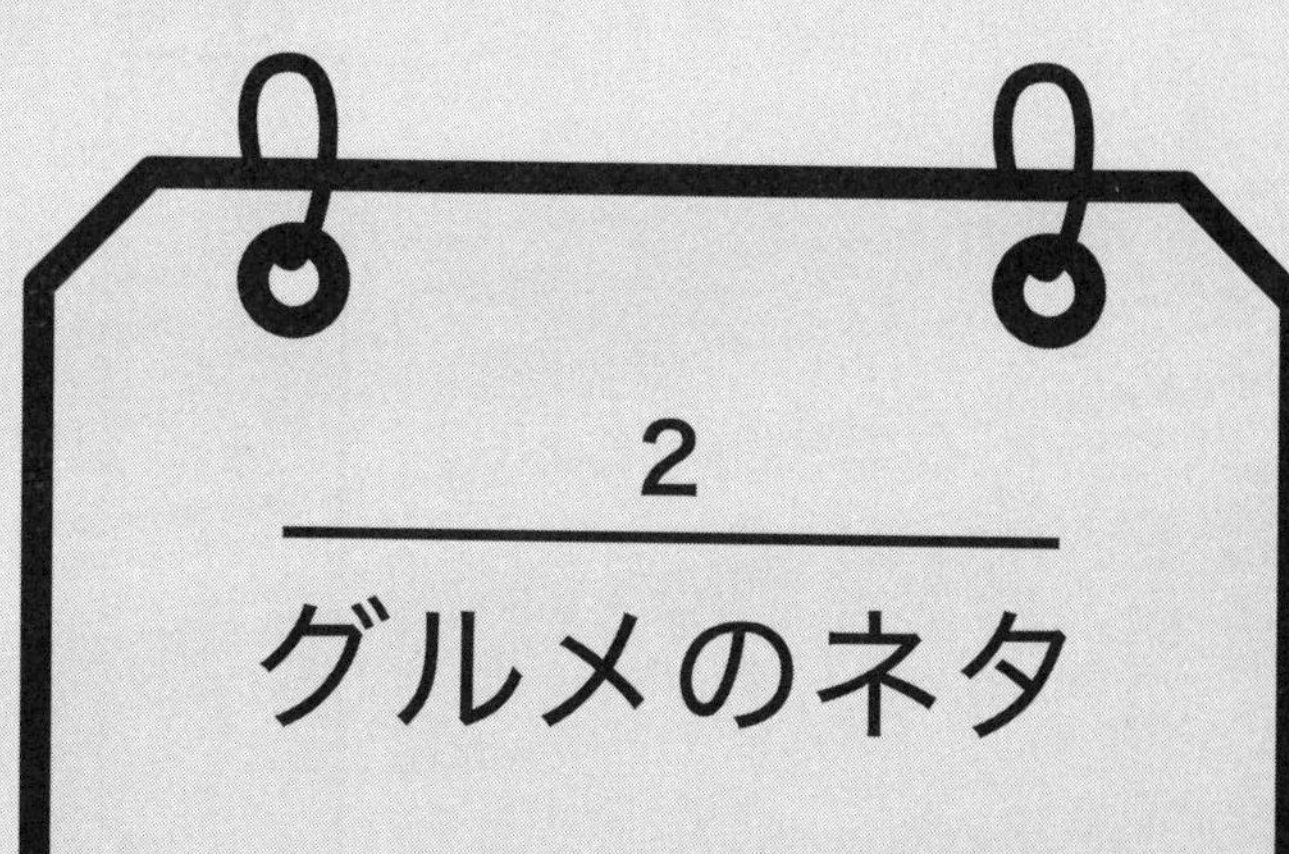
2
グルメのネタ
Conversation Handbook
for Mature People

ミノ、ツラミ、ハチノス…その肉はどこの肉？

焼肉で「ミノ」といえば、牛の胃袋のこと。「ミノ」と呼ぶのは、胃を切り開いた様子が「蓑笠(みの)」に似ているからだ。

他の部位の名前も由来を紹介しておくと、頬肉を「ツラミ」と呼ぶのは「面の身」だから。

第三胃袋を「センマイ」と呼ぶのは、多数のヒダがついているところから「千枚」となった。

「カルビ」は韓国語で「アバラ骨の間の肉」という意味。第二胃袋を「ハチノス」と呼ぶのは、韓国語で「ボルチプ」（蜂の巣という意味）と呼ばれていることから、それが訳された。

肉料理にパセリが添えられているのは？

ステーキやハンバーグなどの肉料理を注文すると、パセリやクレソンが添えられてくる。なぜ、パセリやクレソンは、肉料理につきものなのだろうか？

それは、パセリやクレソンにふくまれる緑色の色素・クロロフィルが、口直しや口臭予防の役割をはたすから。たしかに、これらの香りの強い野菜を口にふくむと、肉料理でこってりした口の中がさっぱりし、後味がよくなるものだ。

彩り（いろど）のためにパセリやクレソンを添えるという意味もあるが、単なる彩りなら、ほうれん草やレタスでも事足りること。

香りのあるパセリやクレソンを添えるのには、それなりの意味があるというわけだ。

ビーフストロガノフのビーフは牛肉じゃない!?

ビーフストロガノフは、牛肉とタマネギを炒めて、サワークリーム入りのソースで煮込んだロシア料理。

18世紀後半、エカテリーナ2世の時代、ロシアの外交官だったストロガノフ伯爵が晩餐会に供して評判になったことから、その名前がついた。

また、ビーフストロガノフの〝ビーフ〟は、じつは牛を意味する言葉ではない。ロシア語で「〜風」「〜流」を意味する「べフ」が変化し、ビーフストロガノフになったのだ。

つまり、この料理は、もともと「ストロガノフ流」という名前の肉料理だったというわけ。

だから、もともとの名前の意味にしたがえば、豚や鶏を使っても、ビーフストロガノフであることに変わりはない。

アメリカと日本のカップヌードルの違いとは？

カップヌードルは世界中で発売されているが、アメリカをはじめ多数の国では麺が国内向けより短くつくられている。

その理由のひとつは、アメリカなどでは、麺をおもにフォークで食べるため、麺が長いと食べにくいこと。また、麺が長いと、どうしても麺をすすることになるが、欧米ではその「すすり音」が嫌われることも関係しているとみられる。

一方、麺の「太さ」のほうは、日本国内でも「違い」がある。普通のカップヌードルとシーフードヌードルは、幅2ミリの麺が使われているが、カレーヌードルだけは3ミリの麺が使われているのだ。

というと、「カレー味のスープを麺にからみやすくするためだろう」と思う人もいるだろうが、本当の理由はその逆。通常の太さの2ミリ麺だと、スープが麺にからみすぎて、麺がスープの味に負けてしまう。そこで、スープとからみにくい3ミリ麺を使っているというわけだ。

沖縄県民が沖縄そばをあまり食べなくなったのは？

沖縄そばは、沖縄料理を代表するメニ

ュー。「そば」とはいうものの、その麺にそば粉は使われていない。小麦粉製の麺を濃厚なダシでいただき、具にはおもに豚の三枚肉の煮つけが使われる。

しかし、近頃、この沖縄そばの生産量が減ってきている。沖縄県内のメーカー19社でつくる「沖縄生麺協同組合」の調べによると、沖縄そばの生麺の生産量は、ピークの2006年に比べると、半分以下にまで落ち込んでいるのだ。

これには、新型コロナの影響で、観光客が減ったことも影響しているが、それよりも大きな原因は、沖縄県民自身が沖縄そばを食べなくなったことにあるという。

家庭で、沖縄そばをつくる機会が減っているうえ、外食でも、ラーメン店やうどん店に足を運ぶ人が増えているのだ。事実、近年、沖縄でも九州ラーメンや讃岐うどんの専門店が繁盛している。

生パスタと乾燥パスタはどこがどう違う？

パスタには生パスタと乾燥パスタがあるが、「生パスタを乾燥させたのが乾燥パスタ」と思ったら大違い。両者は別物で、そもそもの歴史からしてまったく違う。

乾燥パスタが生まれたのは11世紀のこ

と。場所は、イタリアの南に浮かぶシチリア島だ。

その頃、同島はイスラム教徒に支配されていたが、そのイスラム教徒たちが砂漠を旅するときの保存食として乾燥パスタを生み出したのである。

一方の生パスタが生まれたのは、北イタリア。いつ生まれたのかは定かでないが、歴史は乾燥パスタよりも古い。ただし、麺状のパスタが生まれるのは後のことで、最初は小麦のペーストをシート状にのばしたものを焼いたり、揚げたりしていた。

パスタというより、ピザに近い食べ物だったといえる。

「ナポリにナポリタンはない」って本当?

喫茶店の定番メニューのひとつ、スパゲティナポリタン。ところが、日本人が食べているナポリタンは本場のナポリには存在しない。日本のナポリタンは、アメリカ生まれの料理だからだ。

アメリカにパスタが伝えられたのは、19世紀。新天地を目指し、カンパニア州やシチリア島の人々がアメリカへと渡り、彼らによって、乾燥パスタとトマトソースがもたらされた。

ところが、イタリア人が伝えたパスタ

料理は、アメリカ風にアレンジされてしまう。本来なら、アルデンテに茹であげるべき麺は、茹で置きされてのびのびになり、ボリュームを出すためにソーセージやハムが加えられ、トマトソースの代わりにケチャップが用いられた。

このアメリカ式のパスタ料理が、日本へ伝えられ、ナポリタンと命名されたのだ。

そば屋の「そば」と「親子丼」の深い関係とは？

そば通の間では、「そばの旨い店は、親子丼も旨い」といわれている。これには、それなりの根拠がある。

その根拠は、割り下にある。割り下は、鰹節などで取った出汁に、醤油、酒、砂糖、味噌などで味付けしたもので、鶏料理の専門店や和食店は、この割り下で鶏肉や玉葱を煮て親子丼をつくる。

一方、そば屋では、親子丼をつくるとき、割り下のかわりにそばつゆを使う。つまり、そばの美味しい店の親子丼が美味なのは、そばつゆがおいしいからだ。そばつゆは、いってみればそば屋の命。風味のよい出汁を使い、自慢のつゆで香り高いそばを食べさせる。

そのそばつゆを割り下にも使っているから、おいしい親子丼を提供できるというわけだ。

うどんとそうめん、どっちが古いか？

一年を通して食べるうどんと、おもに夏に食すそうめん。歴史をひもとけば、どちらが古くからある食べ物なのだろうか？

答えは、そうめんが正解。そうめんが中国から日本に伝わったのは、仏教が伝来した6世紀のこと。一方うどんは、平安初期から食べられていたとみられるので、2世紀近くも、そうめんのほうが古いのだ。

フレンチが減り、イタリアンが増える事情とは？

友人同士の食事会にフランス料理は、ちょっと堅苦しい。かといって大衆居酒屋ではくだけ過ぎる。そんなとき、便利に使えるのが、カジュアルなイタリアン・レストランだ。

近年、フレンチの店が減り、イタリア料理店が増えているのも、イタリア料理のほうが財布にやさしく、雰囲気も親しみやすいからだろう。

では、フレンチの店で働いていたシェフはどこへ行ったのかというと、イタリアンのシェフに転向しているのだ。本場フランスで修業を積み、日本で本格フレンチの店をオープンさせても、経営が成り立たずにイタリアンの店に〝転向〟するケースが増えているのだ。

フランス料理は、フォワグラやトリュフのような高級食材を使ううえ、ソースひとつを用意するにも、いろいろな食材を何時間も煮込まなければならない。

しかも、食器、インテリアにも凝らなければ、高級な雰囲気を演出することはできない。

ドリンク類も、メニューにあう高級ワインをそろえることが必要だ。要するに、フレンチの店を開店・維持するには、相当の資金を必要とするのである。

対するイタリアンは、簡単なパスタとコーヒー、デザートだけでも、コースが成立する。メインディッシュも、肉や魚をグリルしただけのシンプルなメニューが多いから、原価をぐっとおさえられる。早い話、イタリアンに転向したほうが、日本ではうまくいくのである。

精進料理は、本当はカロリー多め、塩分過多!?

精進料理は、本来は殺生を禁じられた僧侶が食べる料理。だから、植物由来の食品だけで作られ、バターなどの動物性油脂も使われない。

一般的には、低カロリーかつヘルシーで、高血圧や糖尿病などの生活習慣病にもよいというイメージがあるものだ。

しかし、一言に精進料理といっても、修行僧が食べているものと、一般の人が食べる「精進料理」と銘打たれた和食のコース料理は、まったくの別物。一般向けの〝精進コース料理〟は、一見ヘルシーに見えて、じっさいにはカロリーが少ないわけではなく、しかも塩分は多めというケースが目立つのだ。

たとえば、1日のうち昼食でとる栄養を、1日の総摂取量の30％とした場合、平均的な日本女性（30〜49歳）の食事摂取量と比較すると、精進料理のコースのカロリーは1・36倍、塩分は2・84倍もあることがわかっている。

一見、ヘルシーに見える精進料理だが、てんぷらや汁物などで、カロリーや塩分たっぷりということが多いのだ。

おいしいご飯の米粒は、本当に立ち上がっている？

よく「おいしいご飯は、米粒が立っている」と表現されるが、どのようにして米粒は立ち上がるのだろうか？

じつは、炊飯中の釜のなかで、米粒が立ち上がるのは、米粒の形と関係がある。

米粒はくぼみのあるほうが重いので、炊飯して水分がなくなる頃には、くぼみのある重い方が下になり、立ったような状態になるのだ。

ただし、これは、釜を強火で加熱しなければ起きない現象。コメと水を入れた釜を強い火力で煮立たせると、内部の湯が上下に激しく対流する。その結果、米粒は流れに対する抵抗を減らすため、重い方を下にして立ち上がるというわけ。

なぜコシヒカリはカタカナで、あきたこまちはひらがな?

コメの品種の「コシヒカリ」はカタカナ、「あきたこまち」は、ひらがなで書くのはなぜだろうか?

そもそも、コメの品種の多くは、カタカナで書くか、ひらがなで書くかが厳密に決まっている。もともと戦前までは、コメは国の試験場によって品種改良され、「農林1号」などの数字名がつけられていた。戦後、各都道府県の試験場などが品種改良に乗り出すと、国が改良した種と区別するため、国の品種はカタカナ、各都道府県の品種はひらがなで、名前を表記することになった。

その決まりが１９９１年まで続いていたため、その間に国が改良したコシヒカリ(農林１００号)やササニシキ(農林

150号）はカタカナで表記し、秋田県が開発した「あきたこまち」はひらがなで表すというわけだ。

ところが、「ひとめぼれ」（国が改良したのに、ひらがな名）以後、このルールは崩れ、今は漢字を含めて自由に表記できるようになっている。

保温しておくとごはんが黄ばむのは？

炊きあがったごはんを、温かい状態に保ってくれるのが、炊飯器の保温機能。温め直しの手間がはぶける便利な機能だが、長い時間保温していると、ごはんが黄色く変色してくる。

これは「アミノカルボニル反応」と呼ばれるもので、ごはんに含まれる糖とアミノ酸が反応して、褐色色素のもとになる「メラノイジン」という物質が発生する。このメラノイジンが発生すると、ごはんが黄ばんで見た目が悪くなるだけでなく、揮発性の物質ができて、イヤな臭いを発するようになるというわけだ。

味噌汁はいつ頃から飲まれていたのか？

熱々の味噌汁を口にすると、「やっぱり日本人だなァ」としみじみ思うものだ。

では、日本人はいつ頃から、味噌汁を飲んできたのだろう？

　味噌を使った汁物がつくられるようになったのは、戦国時代のこととみられる。「汁張講」という集まりで、野菜や魚をいれた味噌汁の鍋を囲みながら、武士たちは語り合ったという。

　豆腐にネギ、きのこ汁など、味噌汁のタネにバリエーションが増えたのは、江戸時代になってからのことだ。

どうしてチーズには穴があいているのか？

チーズには表面に小さな穴があいている種類が多いが、それらの穴は「チーズアイ（チーズの目）」と呼ばれている。

　これは、製造過程で「プロピオン酸菌」という微生物を加えるため。

　チーズ作りでは、まず牛乳に酵素や乳酸菌を加えて凝固させ、ホエーと呼ばれる液体を分離させる。その後、熟成の過程で、風味をつけるために微生物を加えると、炭酸ガスが発生し、そのガスの抜け道が、チーズの目となるというわけ。

マカロニの穴はどうやってあけるのか？

日本で食べられているマカロニは、中

央に穴があいているが、あの穴はどうやってあけるのだろうか？

マカロニは、スパゲティ同様、小麦粉に水を加えて練って作る。そのうえで、押し出し成形機に入れて、高圧で生地を押し出して形を作る。

つまり、マカロニの作り方というのは、トコロテンの作り方とほぼ同じといっていい。

そのさい、パスタを押し出す穴の形を変えれば、さまざまな種類のパスタができる。

穴のあいたマカロニは、「二重の輪」になった型から、生地を押し出したものだ。

カレーパンの生みの親は？

カレーパンの生みの親は、東京・深川の「名花堂」の二代目主人という説が有力である。

1927年（昭和2）に考案され、実用新案に登録された。

当初、「洋食パン」という名で1個8銭で売り出され、製造が間に合わないほど、売れたという。

揚げパンだったということが、新感覚のパンとして人気を呼ぶことになったようだ。

刺し身に菊の花が添えられているのは？

居酒屋で刺し身を注文すると、菊の花が一輪添えられていることがある。スーパーの刺し身パックにも、菊の花が添えられていることがある。

このように、刺し身に菊の花を添えるのは、彩りを増すためだけでなく、菊の花の殺菌効果を期待してのことだ。

菊の花には、殺菌作用を持つグルタチオンという酵素を増やす働きがあるので、菊の花を添えると、食中毒の予防効果を期待できるのだ。

刺し身に添えられる菊は、むろん食用菊。今は「秋月」という品種が使われていることが多い。苦みを取り除く改良が施されているので、醤油を入れた小皿に菊の花を散らして、刺し身と一緒に食べると、おいしくいただける。菊の花自体にも栄養があり、ビタミンB群やベータカロテン、ビタミンCなどを含んでいる。

左目がきれいなタイは、どうして高値で取り引きされる？

大型のマダイは、左目がきれいなものの方が、より値段が高くなる。

それは、マダイが、祝いの席などに尾

頭付きの状態で出されることが多いから。日本料理の盛りつけでは、魚の頭が左にくるように置くのが基本ルールなので、皿の上で表になる左目がきれいな魚が珍重されるというわけだ。

タコを調理する時、足の先を切り落とす理由は？

タコを調理する時には、足の先を切り落とすのが、常識。もったいないような気もするが、これは吸盤の中にいる雑菌対策として必要な処置といえる。

プロの料理人は、タコを調理するまえ、塩などで足をしごくが、それもタコの吸盤に雑菌が入っていることが多いから。ただ、素人の場合、その方法では、タコの足先が細く、吸盤が小さくなっているため、雑菌を洗い出すのが難しい。そこで、思いきってタコの足の先は切った方が衛生上、安心というわけだ。

チョウザメはサメではないって本当？

高級珍味のキャビアが、チョウザメの卵の塩漬けであることは、広く知られている。しかし、チョウザメがサメでないことは、意外と知られていない。

チョウザメは、名前も見かけもサメに

似ているが、サメとは違う硬骨魚。ほかにも、サメとは体のつくりが異なる点が多い。

では、チョウザメはどのような魚かというと、推定2億5000万年前からほとんど姿を変えずに生息してきた古代魚である。キャビアがとれるほか、肉も臭みがなく美味であるため、世界的に高級魚としている地域が多い。

アンコウの意外な秘密とは？

アンコウ鍋でおなじみのアンコウは、水深100メートルより深い場所にすむ深海魚。

体はブヨブヨで、大きな口をパックリあけた姿はグロテスクそのものだが、食べてみればまことにおいしく、切り身を鍋の具にするほか、アンコウの肝〝アンキモ〟は珍味として人気が高い。

そんなアンコウには、意外な秘密が隠されている。私たち人間が食べているのは、すべてメス。オスのアンコウは、体の大きさがメスの10分の1ほどしかないため、食用には向かないのだ。

生殖期のオスは、メスを見つけると接近して腹部にぺたっとはりつき、しだいに皮膚を癒着させ、メスと同化していく。やがては血管もメスと共有し、メスから栄養をもらって生き続けることになる。

貝のどこに砂が入っているのか？

アサリやハマグリを食べたとき、口のなかでジャリッと砂を噛んでしまうことがある。せっかくの料理も、ジャリジャリすると台無しになってしまうが、貝に砂が入りこむのは、貝が呼吸するときに、水と一緒に砂までとりこんでしまうからだ。

残った砂を吐き出させるには、海水の中と同じ条件を整えることが大切。海に棲むアサリやハマグリは、海水かそれよりやや薄いくらいの食塩水（2〜3％）に浸し、木蓋などで暗くするといい。

2〜3時間もすれば、残っている砂をほぼ吐かせることができるが、エラにくっついた砂を完全に取り去るのは不可能。ちゃんと砂抜きをしたつもりでも、ジャリッとするのはそのためだ。

「ブリコ」って、何の子？

寿司のトッピングなどに使われるトビッコは、トビウオの子（卵）。では、ブリコは何の子？　と聞かれたら、思わずブリの子と答えそうになるが、正解はブリではなく、ハタハタの卵である。

ハタハタといえば、古くから秋田県の食卓になじみの深い魚。秋田音頭にも「♪秋田名物八森ハタハタ　男鹿では男鹿鰤コ」とうたわれ、しょっつる鍋に欠かせない。そのため、秋田名物のひとつに数えられている。

そのハタハタの卵を、なぜブリコと呼ぶのだろう？

これには諸説あるが、最も支持されているのは、食べたときに発する音からつけられたという説。弾力のある卵を噛むとブリブリッと音がする。そこから、ブリコになったとか。

サンマをきれいに焼くちょっとしたコツとは？

サンマをきれいに焼くのは意外に難しい。下手に焼くと、皮がボロボロにはがれてしまい、無残な仕上がりになってしまう。

そこで、金網で焼く場合は、網に少量の油を塗って、温めておくとよい。すると、サンマの皮が網にこびりつきにくくなる。

また、サンマに少量の酢を塗っておくと、皮のタンパク質と酢のブドウ糖が反応して、きれいに焼き上がる。

天然魚と養殖魚では、栄養価が違うか？

「天然物とくらべると、味が落ちる」とよくいわれる養殖魚。では、両者は栄養価の面でも、違いがあるのだろうか？

食品成分表で、天然物と養殖物の数値をくらべると、タンパク質やミネラル分に関してはほとんど差がない。大きな違いがあるのが、両者の脂質の差である。養殖魚は、天然物にくらべて、およそ2倍から3倍の脂質をふくんでいるのだ。

これは、養殖魚が狭い生け簀の中で飼育され、天然の魚にくらべて運動量が少ないため。また、成長をうながすため、養殖魚には高カロリーのエサが与えられているためでもある。

運動量が少ないうえ、食事がこってりとしているためで、養殖魚はどうしても脂肪を蓄えてしまうのだ。

ドジョウの「柳川鍋」と柳川市の関係は？

「柳川鍋」といえば、ドジョウとゴボウのささがきを卵でとじた鍋料理。「柳川」というと、福岡県柳川市を思い浮かべる人もいるが、何の関係もない。柳川市は水に恵まれた城下町ではあるが、その名物料理はドジョウではなく、ウナギのほうである。

柳川鍋という名前は、天保年間（1830～1844年）、江戸横山同朋町にあった「柳川」という店がドジョウの鍋料理で人気を集めたことに由来する。

どうして酢豚に パイナップルを入れる？

酢豚につきもののフルーツといえば、パイナップル。それにしても、なぜ温かい炒め物に、本来は生で食べる果物を加えることになったのだろうか？

答えは、かつては高級品だったパイナップルを加えることで、酢豚に高級感を演出したかったから。その昔、パイナップルは、なかなか手に入らない貴重品であり、その高級品を入れて調理をしたところ、豚肉との相性がよかったため、以後定着したとみられる。

なお、高級品に含まれる酵素が、酢豚の肉をやわらかくするというのは、俗説。それは生で食べる場合で、加熱するとパイナップルの酵素は働かなくなる。

中国でも、中華丼が食べられる？

親子丼、牛丼、天丼など、数ある丼メ

ニューのひとつ「中華丼」は、中国に行って注文しても食べることはできない。日本で生まれたメニューだからだ。

中華丼が生まれたのは、大正時代のこと。日本で生活していた華僑の人々がつくるまかない料理にヒントを得て、考案されたものだ。

ただし、本場中国にも、中華丼に似たような食べものはある。ごはんに調理した具をのせて食べるあんかけ飯「会飯（ホイハン）」や、チャーシューなどがのっている「碗子飯」などで、見た目は似ているが、いずれも丼ではなく、皿や汁椀が使われている。

そもそも、中国語には「丼」という漢字すらない。中華料理を〝丼〟メニューにアレンジしたのは、丼物が大好きな日本人である。

中華の回転テーブルは日本生まれではなかった!?

「中華料理用の回転テーブルは、日本発祥」というのが、これまで広く知られた説だった。1932年、東京の目黒雅叙園（がじょえん）で考案され、その後、中国に逆輸入されたとみられていたのだ。

しかし、近年の調べで、回転テーブルは、18世紀、イギリスで使われはじめ、その後、アメリカでは特許も申請されていたことがわかった。また、中国でも、1915年には、上海などで使われていたことが確認された。

そこから、日本には、中国から持ち込まれ、その後、中国以上のスピードで普及したため、やがて、「日本で考案され、中国に逆輸入された」という説が広まったのではないかと考えられるようになっている。

「グラタン」ってもともとどんな意味？

フランス発祥のグラタンは、耐熱皿に具入りのベシャメルソース（ホワイトソース）を流しこみ、チーズやパン粉をのせて焼いたもの。シーフードグラタン、ミートグラタンなどバリエーションはいくつもあるが、いずれも表面にこんがり焼き目がつくまで、オーブンで焼きあげるのがおいしく仕上げるコツ。というより、おこげのないグラタンは、グラタンとは呼べないのである。

というのも、グラタンは、焼き過ぎてこげてしまった料理が、いざ食べてみると意外においしかったことから生まれた料理だからだ。

グラタンは、〝グラッチ〟（こそげおとす、掻き削る）からきた言葉で、「食べものの、小鍋にこびりついた部分」という意味。そこから、やがて料理の表面にこげ目をつけ、焼きあげる料理全般をグラタンと呼ぶようになったのだ。

「ドリア」って、どこの国の料理？

子どもが喜ぶ洋食の代表・ドリアは、いわばグラタンの親戚筋。グラタンはフランス料理だから、ドリアもフランスの食べ物と思われがちだが、そうではない。ドリアが生まれたのは、日本の横浜。考案したのは、1927年創業の老舗ホテル「ホテル・ニューグランド」の初代料理長、スイス人のサリー・ワイルだった。創作料理を得意としていた彼が、フランス料理のグラタンを日本人向けにアレンジしたという。

「ブイヤベース」ってどういう意味？

ブイヤベースは、南仏プロヴァンスの港町・マルセイユが誇る伝統料理。タマネギ、ニンニク、トマトをオリーブオイルと香草で炒め、魚介類とだし汁を加えて煮た料理だ。

マルセイユでは「ブイヤベースは短時間で仕上げる」のが鉄則。強火で一気に火を通したら、あとは火を弱めるのがおいしく仕上げる秘訣とか。

ブイヤベースという名前もこの作り方に由来している。フランス語で「煮立つ」は〝ブイイール〟、「(火を)弱める」は〝アベッセ〟で、この二つを続けたものが〝ブイヤベース〟だ。ぐらぐらと煮える大鍋を見て、「おい、火を弱めろ!」と叫んでいた言葉が、そのまま料理名になったのだろう。

洋食店と精肉店で、コロッケの形が違うのは?

精肉店やスーパーの惣菜コーナーに並ぶコロッケはおおむね小判型。一方、洋食店では、俵型のコロッケが出てくるのが一般的。なぜだろうか?

コロッケは、明治時代、西洋料理が輸入された後、洋食店で日本風に工夫され、生まれたメニュー。各地の洋食店では、コロッケをどんな形にすると、皿にのせたとき、見栄えがよいかを研究し、ボール型や木の葉型など、さまざまなコロッケをつくってきた。

そのなかで、生き残ったのが俵型だったのである。

それは大正時代に銀座周辺の洋食店で流行したスタイルで、それが今でも各地の洋食店で踏襲されている。

一方、惣菜コロッケは、見栄えよりも、

〝生産性〟が重視された。狭い調理場で、ほかの揚げものと一緒に大量に揚げるためには、面積を取らずに並べられ、重ねてもつぶれない小判型が最も効率的な形だったのだ。

ハンバーグが楕円形をしているのはなぜ？

ハンバーグは、たいてい楕円形をしている。

子どもの弁当用や幕の内弁当に入っている小さなハンバーグには丸型のものもあるが、レストランで食べるハンバーグは、ほぼ楕円形。なぜ、ハンバーグは楕円形なのだろうか？

どうやら、その形に深い理由があるわけではないようだ。そもそもハンバーグをつくるとき、タネを手のひらにのばしていけば、自然と楕円形になる。それに、円形よりも、楕円形のほうが手早くきれいにまとめられる。

また、楕円形なら、鉄板の上で焼くときに、隙間なく並べることができる。つまり、楕円形なら一度に何枚も焼けて合理的というわけだ。

そうして、シェフが料理しやすい形を追求した結果、ハンバーグは楕円形というのが定番になったということのようである。

なぜ、北へ行くほど「お好み焼き」の店が少なくなる？

お好み焼きの聖地といえば、大阪と広島。むろん、現地へ行かなければ食べられないご当地限定グルメというわけではなく、いまやお好み焼きは、日本全国どこでも食べられるB級グルメだ。

とはいっても、人気にはバラつきがある。お好み焼き店は、大阪、広島には数えきれないほどあるが、関東へ移動するにしたがって減り、北日本へ行くとぐっと減る。列島を北上するほど、お好み焼きの人気は下がっていくのである。

これには、お好み焼きに欠かせないソースの好き嫌いが関係していそうだ。ソースの消費量を都道府県別にみてみると、一位は広島で、以下、徳島、岡山、兵庫、大阪と西日本勢が続く。

ところが、北日本では、ほとんどの県が全国平均を下回っている。

ソース味にさほどなじみのない北日本では、必然的にお好み焼きもあまり食べないのである。

柚子胡椒には胡椒が入っていないって本当？

柚子胡椒は、柚子と唐がらしを混ぜ合

わせて熟成させた調味料の一種。鍋物、汁物など、和風料理の薬味の万能選手である。

もともとは、大分県の農家が自家用に作っていたものだが、その万能ぶりを買われて、全国に広まった。

この柚子胡椒、その名に反して、胡椒はいっさい使われていない。辛味のもととなっているのは、もっぱら唐がらしである。

じつは、九州の一部では、古くから唐がらしのことを胡椒と呼んできた。

そのため、使われているのは唐がらしであっても、柚子胡椒と呼ばれてきたというわけ。

ウスターソースは一体何からできている？

ウスターソースは、イギリス生まれの調味料。1850年代、イギリスのウースターシャー州のウースターで作られたことからその名がついた。

それが日本に伝わったのは、明治初期のこと。当時の輸入品は、今よりもかなり塩っぱい味だったが、しだいに日本人好みの味にアレンジされ、現在のような甘味を帯びたマイルドな味になった。

いまウスターソースは、ニンジン、トマト、タマネギ、リンゴ、セロリなどを煮て、熟成させた液体に、コショウ、トウガラシ、ニンニクなどの香辛料、砂糖、塩、酢を加えて、カラメルで着色し、1ヶ月ほど熟成させて作られている。

なお、ウスターソースと他のソースの製法の違いは、おもに野菜の搾り方にある。ウスターソースは、野菜を搾ってジュース状のものを使うが、中濃や濃厚はピューレ状のものを使う。それが、濃度や粘り気の違いとなって表れる。

ワサビに砂糖を入れるとさらに辛くなるのは?

口に含んだとたん、ツンとした辛味が広がるワサビ。そのワサビの辛さをより引き出すためには、砂糖をひとつまみ入れるといい。

砂糖の甘さが、ワサビの辛味成分を引き立たせ、辛味をより強く感じることができる。

これは「対比効果」といって、相反する味を同時に取り入れることで、片方の味が強調される効果のこと。スイカに塩をふって甘さを強調するのも、対比効果を狙った食べ方の一つだ。

ただし、ワサビに砂糖を入れて辛みを感じるのは、最初のうちだけである。時間がたつと、もとの辛さに戻ってしまう。

給食用のマーガリンが溶けにくいのはどうして？

バターとくらべると、柔らかくて塗りやすいのがマーガリンの持ち味。だが、同じマーガリンでも、学校給食で出されるマーガリンは、家庭用マーガリンよりも固めにつくられていることをご存じだろうか？

銀紙に包まれた学校給食用のマーガリンは、生の食パンにつけてもうまくのびてくれない。冬の寒い時期など、つける前に手で温めた経験のある人もいるだろう。

というのも、学校給食のマーガリンは、わざと融点を高くしてあるからだ。学校給食では、配膳の直前まで、マーガリンを冷蔵庫に入れておくことが難しい。すると、もしも融点が家庭用と同じ温度であれば、夏場などはベタベタに溶けてしまう。そこで、あえて融点を家庭用よりも3度ほど高い38℃に設定して、溶けにくくしているのだ。

サウザンドアイランド・ドレッシングの由来は何？

サラダのドレッシングに「サウザンドアイランド」と呼ばれるものがある。マヨネーズとケチャップをベースに、細かく刻んだタマネギやピーマンなどの野菜、ピクルスを加え、香辛料で味をととのえたものだ。その長い名前の由来には、いくつかの説がある。

有力な説は、刻み野菜や薬味がドレッシングに浮いている様子をアメリカとカナダの国境にあるサウザンド・アイランド（1000の島々）に見立てたという説。その他には、1900年頃、ニューヨークのホテル経営者が、そのドレッシングのレシピを耳にしたのが、サウザンド・アイランドの別荘だったからとか、1910年にシカゴのホテルで、このドレッシングを開発したソフィー・ロランドの出身地がサウザンド・アイランドだったことに由来するという説がある。

豆板醤の「豆」って何の豆？

中華調味料のなかで、日本人にも馴染み深い豆板醤（トウバンジャン）。麻婆豆腐をはじめ、ピリリと辛い四川料理には欠かすことのできない「辛みそ」である。

味噌の原料といえば「大豆」だが、豆板醤の原料は大豆ではなく「そらまめ」。そら豆で作った豆味噌に、麹や塩、トウガラシを混ぜて熟成、発酵させたものである。

「○○ジャン」という名の調味料は他に

も数多くある。まず、韓国の「コチュジャン」。豆板醤と同じ辛味噌で、焼肉店に置いてある甘辛い味噌である。甘味噌の代表といえば甜麺醤（テンメンジャン）。北京ダックなどを食べるときに使う調味料で、こちらは小麦が原料。芝麻醤（チーマージャン）は、ゴマをペースト状にしたもので、バンバンジーソースに欠かせない。

1980年代に生まれた新しい調味料といえばXO（エックスオー）醤。干しエビや、干し貝柱、魚の塩漬けなどを塩やトウガラシなどと複雑に混ぜあわせてみそ状にしたもので、炒め物やスープをはじめ、何にでも使える万能調味料である。

「人工甘味料」があるなら「人工塩味料」もあるか？

砂糖の代わりに使う人工甘味料はよくあるが、塩の代わりになる人工塩味料は見かけない。では、塩の代替品となるものは存在するのだろうか？

結論からいえば、現在のところ、食塩（＝塩化ナトリウム）の完全な代替品は存在しない。「塩分ひかえめ」の商品にしても、それらの多くは、食塩である塩化ナトリウムに、同じく塩気のある塩化カリウムを加えたもの。

その理由は、ナトリウムが生命活動に欠かせない栄養素であるぶん、人の味覚がとりわけこの成分に対しては鋭く、人間の舌を満足させる代替品を作るのが困難なためといえそうである。

高原野菜を平地で育てるとどうなる？

レタスは、高原のような涼しい土地でしか栽培できない野菜。では、暖かい平地でレタスを育てると、どうなるかご存じだろうか？

答えは、大きな球状にならずに、茎がどんどん伸びてしまう。レタスはキク科の植物なので、暖かいところで育てると、茎が急速に伸びて花が咲いてしまうのだ。

この現象は「抽苔（ちゅうだい）」と呼ばれ、レタスの生育期間の気温の合計が約1300℃を超えるとおこる。つまり、暖かいところで栽培すると、それだけ早く1300℃を超えてしまうため、レタスは抽苔をおこし、キクのような〝草花〟になってしまうのだ。丸く大きなレタスを育てるには、やはり高原のような冷涼さが必要なのだ。

豆腐1丁って何グラムのことなのか？

豆腐屋の店先で「豆腐を1丁ください」と言えば、だいたいどの店でも同程度の大きさの豆腐を包んでくれる。ところが、スーパーで売られているパックに入った豆腐は大小さまざまで、1丁というより「1個、2個」と呼ぶほうが似つかわしい。

じつは豆腐には、1丁=何グラムという厳密な決まりはない。大手メーカーでは、「1丁300グラム~350グラム」を標準としているが、町の豆腐屋さんがつくる豆腐は、これよりも一回り大きく、絹ごしは約355グラム、もめんは約414グラムが標準とされてきた。

同じ1丁でも、大手メーカーと町の豆腐店では、100グラム以上の違いがあるというわけだ。

ポテトチップス用のジャガイモはどうやって皮をむく?

ポテトチップス用の大量のジャガイモ。製造工場では、どうやって皮をむいているのだろうか?

工場では、まずジャガイモをドラムに入れて、きれいに水洗い。その後、自転するドラムの中で、皮をこすりとっている。ドラムの中には、棒状の移動式やすりがついていて、そこにジャガイモがあたると、皮が自然とこすり取られるという仕組みだ。毒性のあるジャガイモの芽も、そのさいに削り取られている。

茶碗蒸しにマイタケがNGなのは？

茶碗蒸しの具として、シイタケはよく入れるが、マイタケ入りの茶碗蒸しは見かけない。

それもそのはず、マイタケを茶碗蒸しに入れると、卵が固まらずにドロドロになってしまうのだ。

卵には、タンパク質の一種であるオボアルブミンという物質が含まれている。この物質に熱が加わると、卵が固まるのだが、マイタケにはこのオボアルブミンを分解するタンパク質分解酵素が含まれている。

そのため、茶碗蒸しにマイタケを加えると、卵のタンパク質が固まらなくなってしまうのである。

それを防ぐには、加熱したマイタケを加えるとよい。

マイタケを30秒ほど加熱すれば、タンパク質分解酵素の働きを抑えることができる。

キュウリはどうしてまっすぐ育たない？

品種改良が進み、曲がりの少ないキュウリが増えた。

とはいえ、ピーンと棒のようにのびたキュウリはまず見かけない。なぜ、キュウリは大なり小なり曲がってしまうのだろうか？

それは、キュウリの内部の生長にバラツキがあることと関係している。

キュウリの中心部には種があるが、それは3枚の「心皮」という葉が変形したものでできている。太陽の光が全体に当たり、栄養がまんべんなく行きわたれば、この心皮が均一に成長するが、現実にはそうはいかない。

天気の悪い日が続いたりすると、3枚の心皮の間で栄養の奪い合いがはじまり、生長に差が生まれる。

キュウリが曲がるのはそのためで、3枚の心皮の生長の差が、「曲がり」として表れるのである。

梅干しが何百年も腐らないのはどうして？

日本に伝わる保存食のなかでも、ダントツの保存性を持つ梅干し。400年も前につくられた梅干しを保管している家も存在する。

梅干しはほぼ永久的に腐らないといっても過言ではない。

梅干しの高い保存性は、強い塩分と酸の働きによるものだ。

梅干しをつくるときは、ウメの重量の18〜20％程度の食塩を振って漬けこむが、この過程で、ウメの実からは水分が吸い出され、代わりに強い塩気を帯びることになる。

すると、食物を腐敗させる微生物が働かなくなるのだ。

また、ウメの実に含まれるリンゴ酸、クエン酸、シュウ酸などの強い酸が微生物の増殖を抑制し、さらに梅干しを腐りにくくしている。

とはいえ、最近の梅干しの食塩濃度は、10％前後と塩分控えめ。賞味期限も数ヶ月程度と短いものが多いので、早目に食べきるに越したことはない。

おなじみの「シナチク」ってそもそも何？

ラーメンの具として、おなじみのシナチク。

ほかではあまり見かけない食材だが、その正体は、中国産の「麻竹（まちく）」というタケノコ。

日本産のタケノコは、土から出るか出ないかという時期に掘り起こした若芽を食用にするが、麻竹は、地上50センチ、太さも直径15センチくらいにまで成長したものを使う。

「ふりかけ」の生みの親は？

現在、ふりかけの代表格の「のりたま」（丸美屋食品工業）には、海苔とタマゴのほか、ごま、青海苔、さばの削り節、抹茶など、さまざまな材料が使われている。一方、ふりかけの第1号は、「魚の骨」の粉末を主成分とする、ごくシンプルなものだった。

ふりかけは、古くからある食べ物ではなく、考案されたのは大正時代になってからのこと。熊本県の薬剤師だった吉丸末吉が、カルシウム不足を解消するため、魚の骨の粉末を摂取するために考案したものだ。吉丸は、魚の骨の粉末に、ごまや青海苔を加えると、魚が苦手な人も食べやすくなることに着目して、「ご飯の友」という名前で売り出したのだった。

その後、福島県の食料品店主だった甲斐清一郎が新しいふりかけを考案し、人気を博した。それが、現在のふりかけ業界のガリバー企業、丸美屋のスタートとなった。

野沢菜の「野沢」とは？

野沢菜が生まれたのは、長野県の野沢

温泉。志賀高原にほど近いところに湧く温泉で、奈良時代、僧・行基（ぎょうき）によって発見され、江戸時代に藩主の松平氏が整備した。

やがて、同地の健命寺の住職が、大坂からカブの種を持ち帰り、栽培を広めた。やがて、それを塩と調味料に漬け込むようになって、名産・野沢菜が誕生した。

「わたあめ」は、日本生まれではなかった!?

わたあめは、白ザラメ糖だけから作られるシンプルなお菓子。

例の回転する機械に砂糖液を入れ、遠心力で糸状の固体にし、棒で巻き取ったものだ。

あの「電動綿菓子製造機」を発明したのは、アメリカ・テネシー州の歯科医であり、発明家でもあったジョン・ウォートン。1897年のことだった。

そして1904年、セントルイス万国博覧会に出品され、そのお菓子は「Fairy floss（天使の綿毛）」という名で売り出された。

すると、連日300個以上も売れるヒット商品になったのだ。やがて、その機械が輸入され、わが国でも人気を博するようになったというわけ。

なお、現在、わたがしは、英語では、

コットン・キャンディと呼ばれている。訳せば、「わたあめ」である。

「チキンナゲット」の「ナゲット」の意味は？

ファストフード店の定番サイドメニュー「チキンナゲット」。

この「ナゲット」とは「塊」という意味で、おもに「金塊」を表す言葉として用いられてきた。

そこから「黄金がかったブロンズ色」という意味が生じ、現在ではその色をしている「チキンの一口唐揚げ」という意味でも使われている。

沖縄ミカンの「シークヮーサー」ってどういう意味？

沖縄ミカンの代表といえば、シークヮーサー。

もともとは沖縄の方言で、シーは「酸っぱい」、クヮーサーは「食わせる」。つまり、「酸を食わせるもの」という意味がある。

さらに、名前のルーツをたどってみると、沖縄の伝統織物「芭蕉布」に行き当たる。

芭蕉布は着物のほか、ネクタイやテーブルクロスなど、さまざまな工芸品に加工される織物で、サラリとした心地よい手触りが特徴。

しかし、織りあげた直後は手ざわりがやや固く、ゴワゴワしている。そこで、繊維をかんきつ類の果汁に浸して柔らかくするという習慣があった。その果汁を「布に酸を食わせるもの」と呼んだことから、シークヮーサーという名前がつけられた。

果物の糖度はどうやって測っている？

果物の甘さを表す「糖度」は、本来は糖分の濃度のこと。たとえば、100グラムの液体の中に10グラムの糖分が溶けていれば、「糖度10％」ということになる。

では、水分に溶けだした糖分の割合をどのような方法で測っているのかご存知だろうか？

果物の糖度を測るには、「屈折計」という測定器が使われている。屈折計は、光の屈折率を測る器械のこと。水に光を当てたとき、その中に糖分などが溶けていると光は屈折し、その屈折率は溶けている成分の濃度に比例する。屈折計はこの原理を応用したもので、2〜3滴の果汁から、その果物の糖度を測れるようになっている。

二十世紀梨は19世紀生まれって本当？

梨の代表的品種のひとつ、「二十世紀梨」。この品種は、人の手によって生まれたわけではない。千葉県の今の松戸市に住んでいた少年、松戸覚之助が1888年、ごみ捨て場に自生していた梨を発見。それが、この新種の梨だったのだ。

食べてみたところ、ひじょうにおいしい。そこで1898年、東京の種苗商の渡瀬寅三郎によって「二十世紀梨」と命名され、大々的に売り出された。その時点では、まだ19世紀だったのだが、「20世紀には梨の王になる」という願いを込めて、「二十世紀梨」と命名されたと伝えられる。

1904年、鳥取県に苗木が寄贈され、その後、鳥取産のこの梨が品評会などで優秀賞を獲得、同県を代表する品種に成長することになった。

かんきつ類と相性の悪い意外なモノとは？

みかん、はっさく、グレープフルーツなど、甘酸っぱくてさわやかなかんきつ類。ビタミン補給のために毎日食べるという人もいるだろう。

よく、みかんを食べすぎると皮膚が黄色くなるといわれるが、それ以外にも、かんきつ類をよく食べる家庭では、意外なものを傷つけている可能性がある。

何かというと、テレビやクーラーなどのリモコン類だ。まだ新しいのに、つやが落ちてガサガサになっていたら要注意。表面が溶けている可能性がある。

かんきつ類の外皮には、リモネンという成分が含まれ、これがポリスチレンというスチロール系のプラスチック樹脂を溶かしてしまうのだ。リモコンだけでなく、パソコンやプリンタのプラスチック部分にも、スチロール系の樹脂は多く使われている。みかんを食べた後は、きちんと手を洗うようにしたい。

買ってきた柿がどんどん柔らかくなってしまうのは？

柿には甘柿と渋柿があるが、最初から甘い「甘柿」の種類は、柿の品種のなかでも一部にすぎない。「渋柿」が渋ぬきされたものも少なくないのである。

渋ぬきの方法にはいろいろあるが、簡単にいえば、柿を「酸欠状態」にして、渋味を感じさせなくするというもの。そのとき、窒息寸前となった柿からは「エチレン」という物質が発生する。

エチレンは、実を柔らかくしたり、水

分蒸発をうながす働きを持っている。柿を放っておくと、どんどん柔らかくなってしまうので、柿を買ってきたら、すぐにヘタの部分に水を含ませたガーゼなどを置き、新聞紙などで包んで冷蔵庫で保存するといい。そうすれば、水分蒸発を防ぎ、エチレンの過剰な発生を抑えることができる。

パッションフルーツの「パッション」って何？

紫色の卵形で、甘酸っぱい果肉をもつ果物といえば、パッションフルーツである。最近では、ジュース、ゼリー、カクテルなどの香り付けとして、広く知られるようになってきた。それにしても、なぜこの卵形の果物は、パッションフルーツと名付けられたのか？

この果物の名付け親は、キリスト教布教のために、南米にやってきた宣教師たち。彼らは、パッションフルーツの5本のおしべをキリストが打たれた釘にたとえ、5枚の花弁と5枚の萼(がく)を10人の使徒に見立てた。そして「キリストの受難」を意味するパッションを使って、パッションフルーツと呼ぶようになった。

「情熱的なフルーツ」という意味かと思いきや、その名前のルーツはキリスト教にあったのである。

日本製のワイン瓶の容量が、海外製より少ないのは？

日本のワイン瓶と海外のそれとでは、容量が違うことにお気づきだろうか？日本では、ワインボトルといえば720ミリリットル入りが主流だが、海外ではもっぱら750ミリリットルが使われているのだ。

この30ミリリットルの違いは、わが国の日本酒の伝統から生じたといえる。日本酒ではおもに一升瓶（1800ミリリットル）が使われ、その〝ミニボトル〟として、「四合瓶」（720ミリリットル）が併用されてきた。

そのため、日本の瓶工場には、もともと「四合瓶」の製造ラインがあり、それが、ワイン瓶用にも使われたのだ。むろん、既存の製造ラインを生かして、コストを下げるためである。

一方、ヨーロッパでそもそも750ミリリットル入りを使うようになったのは、フランス産ワインをイギリスに輸出するときに計算しやすかったことに由来する。イギリスでは、かつてガロン（＝4・5リットル）という単位がよく使われていたので、一本750ミリリットルにすると、半ダース（6本）で1ガロン、1ダース（12本）で2ガロンと計算しやすかったのだ。

ワインのビンの中の白いモヤモヤは飲んでも大丈夫？

年代物のワインには、白や赤のモヤモヤとした塊が浮いていることがある。はたして、その塊は飲んでもいいものなのだろうか？

ワインに浮かぶ白い異物は、酒石と呼ばれるワイン成分である。酒石は、ワインの酸味成分である酒石酸と、カリウムが結合するとできる。つまり、カリウムのようなミネラルを豊富に含んだワインほど、酒石ができやすいのだ。

なお、酒石ができると、酸味が減って飲みやすくなることから、ヨーロッパでは、この酒石のことを「ワインのダイヤモンド」と呼ぶ。

飲んでも体に害がないどころか、ワインのなかのモヤモヤは、ワインのおいしさのあかしだったのである。

「テーブルワイン」は普通のワインとどう違う？

スーパーなどで売られているワインには、「テーブルワイン」と呼ばれるものがある。

テーブルワインと普通のワインでは、

どう違うのだろうか？

　もっとも大きな違いは、値段である。おおむね、テーブルワインとは、生産量が多く、値段が安いワインのことを指す。

　たとえば、ワイン法が定められているフランスやドイツでは、ブドウの産地や品種などが決められており、その基準を満たしていないものが、テーブルワインとして販売されている。

　そんなテーブルワインの特徴は、フレッシュでフルーティーな飲み口にある。ただ、早くに飲み頃を迎えるので、保存しておいても熟成することはない。テーブルワインとは、そういう日常的な気軽さを楽しむワインなのだ。

赤ワインのグラスより白ワインのグラスが小さいのは？

　ワイングラスにはさまざまな種類があるが、一般に白ワイン用のグラスは、赤ワイン用のグラスよりも小さい。赤ワインを頼むと、大きなグラスが出てくるお店でも、白ワインを注文すると、小ぶりのグラスを出してくれる。

　この違いは、白ワインを冷やして飲むことに由来する。小ぶりのグラスなら、ぬるくならないうちに飲みきることができるというわけだ。

　一方、赤ワインは一般に常温で飲むの

で、大きなグラスに注いでも、ぬるくなる心配はない。そこで、グラスを鼻に近づけて、香りを楽しむため、赤ワインには鼻がすっぽり収まるくらいの大きめのグラスを使うというわけ。

ワイングラスに施されたおいしさのひと工夫とは？

ワイングラスの脚がスラリと長いのは、ワインをおいしく飲むための工夫といえる。

ワインの適温は、赤ワインは14～18度、白ワインは10度前後とされる。ところが、最初はその状態でも、飲む人が手でグラスを持つと、体温でワインの温度が上がり、せっかくの味を台無しにしかねない。

そこで、できるだけワインに体温が伝わらないように、脚が長いグラスが考案された。脚の下のほうを持てば、ワインに体温が伝わりにくいというわけだ。もちろん、飲むときは、できるだけ脚の下のほうを持つのが望ましい。

お祝いの乾杯はなぜ「シャンパン」なのか？

最近は、パーティーや結婚披露宴などで、シャンパンで乾杯する機会が増えた。これは、祝宴の多くが欧米式のパーティー方式に変わったことと関係しているが、そもそも、西洋でお祝いにシャンパンが用意されるのは、高級感ただよう酒だからだろう。

シャンパンが飲まれ始めたのは、17世紀のロンドン。まず、イギリスの上流階級の間で流行し、次いでフランス宮廷へと広まった。

さらに19世紀になると、ナポレオン追放後の国際秩序について話し合ったウィーン会議でふるまわれたのをきっかけに、政治家やブルジョワらの間に広まっていった。

とくに、このウィーン会議でオーストリアのメッテルニヒ首相が、シャンパン片手にグルメ外交を展開したことの影響で、フォーマルな宴席やイベントでシャンパンが多用されるようになった。

シャンパンのコルク栓はどうやって詰める？

一度抜いたら、二度とは入れられないのが、シャンパンのコルク栓。シャンパンメーカーは、どのようにして、瓶の口よりも大きいコルク栓を瓶の中に詰め込んでいるのだろうか？

その作業には、コルクをギュッと絞る装置のついた「打栓機」という機械が使われている。

工程は次のとおりだ。

まずは、コルク栓を約70度に蒸らして、柔らかくする。

十分に柔らかくなったところで打栓機に入れ、思いきり絞る。そして、瓶の口よりも細くなったら瓶に入れ、金属製の棒でたたき込む。

ポンッ！　と小気味よい音を立てるシャンパンの栓を詰めるのには、意外と手間ヒマがかかっているのである。

「ポリフェノール」をひと言で説明できますか？

「ポリフェノール入り」をうたう食品は、ますます増えている。ポリフェノールは、体内の活性酸素を抑制する「抗酸化物質」の総称で、ガンや動脈硬化などの生活習慣病に効果があるといわれている。

ただし、ポリフェノールは、ふだん食べている野菜や果物、お茶など、さまざまな食品にも含まれている成分である。それが健康成分として表舞台に躍り出たのは、1992年、フランス・ボルドー大学の研究グループが、赤ワインと動脈硬化の関係を発表したことがきっかけだった。

しかし、ポリフェノールの健康効果の解明は、まだ研究途上だし、そもそもポリフェノールは野菜などさまざまな食品に含まれている。「ポリフェノール入り」とうたう食品に飛びつく前に、バランスのよい食事を心がけたほうが健康的かもしれない。

牛乳の味が季節によって違うのは？

母乳は、母親が摂取した栄養が、母体の中で分解・組成されることによって作られる。だから、母乳の味には、母親が食べたものの影響が微妙に表れる。

牛の場合は、夏場には青々とした牧草を食べ、冬にはもっぱら干し草を食べるので、その違いが、母乳（牛乳）の味や栄養に影響を与える。とりわけ、牛乳の味にコクが増すのは、牛が冬越えのためにたっぷりと牧草を食べる秋である。

ただし、現在の牛乳は、生産工程で成分調整されているので、その味は季節に関係なく、ほぼ統一されている。

ペットボトルのお茶は「ホット」「コールド」で中身は違う？

冬になると、ホットのペットボトル飲料が店頭に並びはじめる。

ペットボトル飲料の「ホット」を最初に売り出したのは伊藤園で、２０００年に「お～いお茶」のホットペットが登場した。耐熱性にすぐれた強化ボトルを使用することによって、温かいペットボトル飲料が世に出ることになった。

では、同銘柄のホットとコールドでは、味は異なるのだろうか？　そこで、ホットとコールドを飲みくらべてみると、同じ味のように感じるが、じっさいには中身も製法も微妙に変えられているという。

たとえば「お〜いお茶」のような緑茶の場合、温度が高いとお茶の香りが飛びやすく、酸化も進みやすい。そこで、酸素を通しにくいボトルを採用しているほか、ホットにしたときに、お茶の香りや旨味が飛んでしまわないよう、ホットに適した茶葉が使用されているという。

コーヒーを冷やして飲むのは日本人の発明って本当？

日本人にとって、アイスコーヒーは、ホットコーヒーとならぶポピュラーな飲み物といえる。店によっては、「アイス」というだけで、アイスコーヒーが出てくるほどだ。しかし、アイスコーヒーの歴史は意外と浅い。

歴史をさかのぼれば、大正時代に日本人がコーヒーを冷やして飲み始め、それが海外に伝わって、やがてヨーロッパやアメリカ社会に浸透していく。いまや、世界中で飲まれているアイスコーヒーの発祥の地は、日本だったのだ。

ちなみに、欧米で、アイスコーヒーが一般的になったのは、1980年代以降のことである。大手コーヒーチェーンがメニューにのせたことで、徐々に広まることになった。

日本人がコーヒーを飲むようになったのは？

1600年代の初め、長崎にコーヒーがもたらされた。『長崎寄合町諸事書上控帳』によれば、長崎丸山の遊女がオランダ人からもらった物として、「コヲヒ豆一箱。チョクラート」という記述があることから、遊女がオランダ商人からコーヒーのもてなしを受けていたことがわかる。

また、文化元年（1804）に出版された大田蜀山人の『瓊浦又綴（けいほゆうてつ）』には、「紅毛船（オランダ船）で、カウヒイというものを飲んだ。豆を黒く炒って粉にし、砂糖と和えたものだが、焦げ臭くて飲めたシロモノではない」と記されている。

大田蜀山人は戯作者で、食通としても高名な人物だったが、グルメで鳴らした舌にも、コーヒーの味はなじまなかったと見える。その〝焦げくさい飲料〟が、アロマただよう魅惑の飲み物として日本人に受け入れられるようになったのは、明治時代に入ってからのことである。

ビタミンCは全然酸っぱくない!?

「ビタミンC配合」などという表示を見ると、たいていの人は酸っぱい味を想像する。しかし、純粋なビタミンCは、ほぼ味がない。では、なぜ「ビタミンC＝酸っぱい」というイメージができあがったのだろうか？

それは、ビタミンCが「レモン50個分」などと、柑橘類で表されることが多いから。柑橘類に含まれるクエン酸には、強い酸味があるため、ビタミンC＝酸っぱいという図式が出来上がったのだ。

なお、「レモン○個分」という表示は、農林水産省が定めたガイドラインにしたがって、「レモン1個＝20ミリグラム」で計算されるのが普通である。

鳩サブレーの「鳩」にモデルはいるのか？

鳩サブレーを考案したのは、鎌倉の老舗菓子店・豊島屋の初代店主の久保田久次郎。創業から3年ほど経った明治30年頃店主は外国人から大きなビスケットをもらった。店主はそのビスケットのおいしさに感激し、そのお菓子を日本でも作れないかと研究をはじめた。

試作を繰り返し、納得のいく試作品を創りあげた店主は、欧州航路から帰朝した船長に試食してもらうことにした。船長の感想は、「フランスのサブレーという菓子に似ている」というもの。店主は、そのときはじめて「サブレー」という菓子の存在を知ったのである。

初代サブレーは、丸型で抜いたオーソドックスな形だったが、それが「鳩」に変化した理由は、鶴岡八幡宮と関係する。

鶴岡八幡宮の境内にいる鳩が参拝者に親しまれていることから、店主は鳩をモチーフにした菓子をつくりたいとも考えていたのだ。

そこで店主は、生地を鳩型で抜いた〝鳩サブレー〟を誕生させたのである。

というわけで、鳩サブレーのモデルは、鶴岡八幡宮の鳩だったのである。

どうして「板チョコ」には溝がついているのか?

市販の板チョコには、四角く区切られた溝がある。その溝でパキンと割って食べると、ちょうどよいサイズになるが、あの溝は最初は食べやすいようにつけられたわけではなかった。もともとは、製造効率を上げるための工夫だった。

板チョコは、液体状のチョコレートを金属の型に流し、冷やして固めて作る。その場合に、溝のない平面な型を使うと、中心部まで固まるのに時間がかかり、かつ固まりにムラができやすい。

一方、型に溝をつけ、表面積を広くすれば、中心までより早く均等に固まるとともに、はがれやすくなるというわけ。

なぜドーナッツには真ん中に穴があいている？

ドーナッツの「ドー」は小麦粉を意味する「ダウ」、「ナツ」は木の実を意味する「ナッツ」のことであり、もともとのドーナッツは、木の実大の小麦粉の塊を油で揚げたお菓子のことだった。

それに穴をあけたのが、1847年当時、アメリカのメイン州に住んでいた八ンソン・グレゴリーという船乗り。彼は、母親がドーナッツを揚げているのを見て、ふと思いついたのである。

「真ん中に穴をあけると、まんべんなく火を通せるな。すると、真ん中が半生になることもなくなる……」と。

チョコレートとガムを一緒に食べるとどうなる？

チューインガムを噛んでいるときに、

チョコレートを一緒に食べると、あら不思議。ガムが溶けはじめ、しまいにはなくなってしまう。この現象は、ガムベースが油脂となじみやすい性質によって起きる。

ガムベースとは、ガムを噛んだとき、口のなかにいつまでも塊として残っている成分のこと。木から採った樹液を煮詰めた植物樹脂に、酢酸ビニル樹脂などの人工樹脂などを混ぜたもので、口内の温度でちょうどよい硬さになるように調節されている。

ガムベースには、水にはなじまないが、油脂にはなじみやすいという性質がある。そのため、チョコレートと一緒に食べると、チョコレートに含まれる油脂成分のココアバターがガムベースと混ざり合って溶け、ガムベースをトロトロにしてしまうのである。

ポテトチップス一袋には何個のジャガイモが使われる？

ポテトチップス一袋には、どれくらいのジャガイモが使われているのだろうか？　青果店に並んでいるジャガイモは、1個100〜150グラム。ポテトチップスの通常サイズは60〜85グラム程度。これを単純計算して、一袋あたりのジャガイモは1個未満と思っている人がいるかもしれないが、そうではない。

ジャガイモは、その8割が水分だ。つまり、油で揚げる過程でカサが減る。それを含めて計算すると、一袋あたり3個のジャガイモが使われていることになる。

なお、気になるカロリーは、揚げ油のカロリー量も含めると、ポテトチップス100グラムで、ごはん2〜3杯分のカロリー量に匹敵する。くれぐれも食べすぎには注意したい食品なのだ。

蒸しているのに どうして「生八ツ橋」？

「生」と謳ってはいるが、生八ツ橋には熱処理が施されている。皮をいったん蒸したうえで、味つけが行われているので、厳密にいえば「生」ではなく「蒸し八ツ橋」なのである。

それが「生」と呼ばれるようになったのは、菓子職人の業界用語が関係しているという。

八ツ橋を製造する職人のあいだでは、皮を焼く前の八ツ橋の生地を「生八ツ橋」と呼んで区別していた。

皮を焼きあげるせんべいタイプの八ツ橋と区別するため、「生」と呼ばれていたものが、広く一般に浸透するようになり、お菓子の名前に採用されることになったのである。

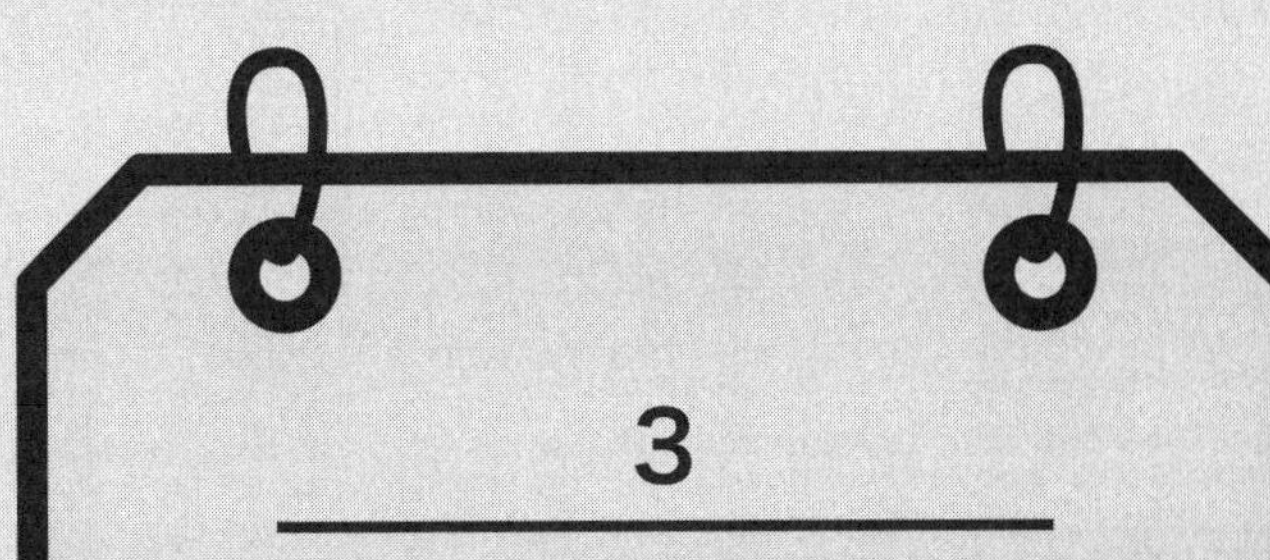

3
カルチャーのネタ

Conversation Handbook
for Mature People

美術様式のキホン①
——「ゴシック」って何？

「ゴシック」は、12世紀後半に始まり、13～14世紀フランスを中心に広まった美術様式のこと。「ゴシック」という名称は、ゲルマン民族のゴート族にちなんだもので、もとは軽蔑的な意味が含まれていた。

ルネサンス期の芸術家たちは、中世美術を野蛮なものとして見下していた。そこで、中世美術と古代ローマを滅ぼしたゴート族を結びつけ、軽蔑的に「ゴート風の」と呼んだのである。

美術様式のキホン②
——「印象派」って何？

モネやルノワールなどの画家を「印象派」と呼ぶが、この名はモネの名作『印象・日の出』に由来する。

１８７４年、モネら30人の画家がグループ展を開いた。のちに第一回印象派展と呼ばれることになる展覧会である。

そのグループ展を見たルイ・ルロワという新聞記者が、モネの『印象・日の出』について、「なるほど、これは印象だ。これなら描きかけの壁紙のほうがまだ出来がいい」という記事を書いた。

この酷評記事がきっかけになって「印象派」という言葉が生まれ、彼らは「印象派」と呼ばれるようになったのだ。

日本に最初に入荷した『罪と罰』3冊の行方は？

ドストエフスキーの小説『罪と罰』が日本に入ってきたのは、発表から約20年遅れた1887年（明治20）のこと。入荷したのは英訳本で、当初は日本橋の丸善が3冊仕入れただけだった。

では、『罪と罰』を最初に読んだ日本人は、誰だったのだろうか？

入荷した3冊のうち、最初の1冊を買ったのは、『小説神髄』『当世書生気質』などで知られる坪内逍遥だった。当時28歳だった彼が、『罪と罰』の日本人最初の読者となったのである。

ちなみに、残りの2冊は、新聞記者で翻訳家の森田思軒、評論家で翻訳家の内田魯庵が購入した。

魯庵は、のちに『罪と罰』をはじめて日本語に翻訳している。

シェイクスピアの生没年を一瞬で記憶する方法は？

イギリスの劇作家シェイクスピアは、1564年、イングランド中部のストラトフォード・アポン・エイヴォンで生まれた。この地の教会に、「ジョン・シェイクスピアの息子ウィリアムが、1564年4月26日に洗礼を受けた」という記録が残っており、それがシェイクスピアの出生記録として知られている。そして、1616年に亡くなった。

ところで、このシェイクスピアの生没年を覚える記憶法をご存じだろうか？

「人殺し（1564）いろいろ（1616）」という語呂合わせだ。

シェイクスピアが残した戯曲のなかには、『ハムレット』や『オセロー』など、裏切りや殺人などを描いたものが多数ある。そのように関連付ければ、忘れにくい語呂合わせの名作といえる。

『ベニスの商人』の「商人」って誰のこと？

シェイクスピアの名作『ベニスの商人』。日本では、この「商人」を悪徳高利貸しのシャイロックのことだと思っている人が多いようだが、じつはそうではない。

この「商人」は、シャイロックから金を借りたアントーニオのほう。

だから、「ベニスの商人のような悪どい奴」といっても、意味をなさないことになる。

ムンクの『叫び』の人物はじつは叫んでいない!?

世界的に有名な絵画、ムンクの『叫び』。

ただ、この絵に登場する例の人物が叫んでいるわけではない。彼は、叫び声を聞いて、耳をおさえているのだ。そのことは、ムンクが30歳のときの日記から推測できる。

ある日、ムンクは陽が沈んだというだけで憂鬱な気分に襲われ、空が血のように赤くなったと感じた。

そして、ムンクは「私は恐怖におののいて、立ちすくんだ。そして、大きな果てしない叫びが自然をつんざくのを感じた」と書き残している。

おそらく、ムンク自身も、そのえたいの知れない叫びを聞いて、絵の中の人物のように耳をおさえたのだろう。

世界で一番短いタイトルの映画は?

タイトルが最も短い映画として知られるのは、1969年制作のフランス・アルジェリア映画『Z』。『Z』は、ギリシアで1963年に起きた暗殺事件を題材とし、イブ・モンタンが主演。アカデミー賞の5部門でノミネートされ、外国語映画賞・編集賞を受賞した名作だ。

ちなみに、2001年には『O（オー）』という映画がアメリカで制作され、文字数では肩を並べている。

『眠りの森の美女』の推定年齢は？

『眠りの森の美女』の主人公オーロラ姫は、美しく成長するが、ある日、悪の妖精の予言どおり、針で指を刺し、倒れてしまう。愛の妖精の力によって、なんとか一命をとりとめるが、その後長く深い眠りについてしまう。

そして、勇敢な王子によって助け出されるまで、眠り続けることになるのだが、原作によると、その年月はなんと100年間！ つまり、王子のキスによって目を覚ましたときの姫の年齢は、すでに110歳以上だったことになる。

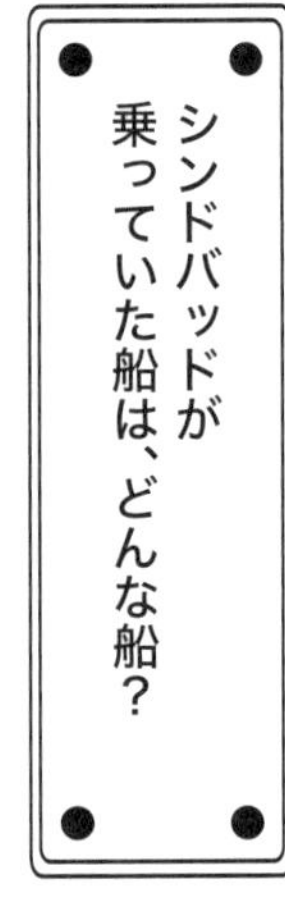

シンドバッドが乗っていた船は、どんな船？

『アラビアン・ナイト（千夜一夜物語）』には、いろいろなストーリーがあるが、なかでも名高いのは「シンドバッドの冒険」である。船乗りシンドバッドは計7回の航海に出かけ、嵐やクジラ、怪鳥などに苦しみながら、航海を成功させ、大金持ちになる。

シンドバッドが乗った船は「ダウ」と呼ばれる大きな三角帆をもつ帆船だった。ダウは、ヨーロッパや中国の船からすれば、常識外れの構造といえた。船の背骨というべき竜骨を備えていなかったのだ。そのため、ポルトガルの航海家ヴァスコ・ダ・ガマが「脆(もろ)い船」と指摘したほどだった。

しかし、その〝脆さ〟こそ、ダウの優秀さの源だった。

ダウはいまでいう柔構造の船であり、波の荒いインド洋の航海にはその柔構造がぴったりで、大波に襲われても転覆を免れたのだ。そんなダウに乗っていたから、シンドバッドは7度も航海することができたのだろう。

モーツァルトの葬儀の日のお天気は？

映画『アマデウス』（1984年）では、モーツァルトの葬儀の日には、大雨が降っていたように描かれている。

他の伝記にもそう記されていることが多いのだが、音楽史家のニコラス・スロニムスキーは、ウィーン気象台の記録を調べ上げ、モーツァルトの葬儀の日の本当の天気を突き止めた。

それによると、モーツァルトの葬儀の行われた1791年12月6日の天気は、風がややあったものの、気温は摂氏10・6度で、雨は降っていなかった。

モーツァルトの〝迷曲〟、その誕生までのいきさつは？

モーツァルトの作品に『おれの尻をなめろ』という曲がある。1782年に作曲された42小節のシンプルな構成の曲で、作詞もモーツァルト自身である。

その歌詞は、「おれの尻なめろ　尻なめろ。つまらぬ小言をブウブウ言わず、愉快に楽しもう」と続く。これを輪唱で歌うのだという。

そもそも、モーツァルトという人は、従姉妹たちにウンチやオシッコをめぐるダジャレ満載の手紙を送るような人物だった。糞尿愛好の傾向があったと指摘する研究者もいる。

楽譜上の指示語はどうしてイタリア語なの？

「フォルテ（強く）」や「ピアノ（弱く）」、「アンダンテ（歩くように）」、「アレグロ（快速な）」というように、楽譜上の指示語はすべてイタリア語である。

これは、イタリアが音楽の中心だった

バロック時代（1600年~1700年代半ばまで）に、そうした指示語が生まれたから。

当時、イタリアでは、曲のテンポのように音符で伝えきれないものは、楽譜に日常語を記すようになった。

その後、音楽の中心はドイツへと移ったが、シューマンやシューベルトらドイツ・ロマン派の作曲家たちなどは、自由なインスピレーションに従うべきという立場から指示語を使わなかった。

そのため、楽譜上の指示語は、ドイツ語に変更されることもなく、そのままイタリア語が使われ続け、現在まで受け継がれている。

オーケストラの演奏者は、どうやって楽譜をめくる？

オーケストラの演奏者は、いつどうやって楽譜をめくっているのだろうか？

オーケストラが曲を演奏するときには、すべての情報がかきこまれた総譜（スコア）と、楽器ごとのパート譜が用意される。スコアは指揮者が持つもので、パート譜は奏者が使うものだ。

そのパート譜は、楽器ごとに違うところでページをめくるように作られている。

大編成のアンサンブルが全員同じパート譜を見ていたら、一斉にページをめくることになり、演奏が乱れてしまうからである。

さらに、弦楽器パートの場合は、2人1組で同じパート譜を見て、奥側の演奏者が譜めくりを担当している。

一方、管楽器の演奏者は、奏者ごとにパート譜を見ているが、彼らはずっと楽器を吹いているわけではないので、休みの時に自分でめくっている。

オーケストラの音程は何に合わせている？

弦楽器、木管楽器、金管楽器、打楽器など、多種多様な楽器で構成されるオーケストラでは、音程をどの楽器に合わせているのだろうか？

答えは、木管楽器のオーボエ。というのも、オーボエは、草笛から進化した木管楽器であり、構造が単純。調律もリードの差し込み具合だけで行う。

数ある楽器のなかでも、もっとも音程の変化しにくい楽器といわれており、オーケストラでは、そのオーボエの音程に他の楽器が合わせるのが普通とされている。

ただし、ピアノ協奏曲を演奏するときは、ピアノの「ラ」の音に、ほかの楽器が合わせることになっている。

即興曲は本当に即興で作っている？

クラシックやジャズには「即興曲」と呼ばれる楽曲がある。シューベルトやショパンにも、「即興曲」と呼ばれるピアノ曲群があるが、実際即興的に作られた曲というわけではない。「即興曲」という言葉を最初に使ったのは、1817年、チェコの作曲家ヤン・ヴァーツラフ・ヴォジーシェクだったとみられる。

それまでの古典派のスタイルが、ソナタ形式にとらわれていたのに対し、自在さや柔軟さを強調するため「即興」という言葉を使ったのだ。現在も、即興曲とは、必ずしも即興で作った曲のことではなく、自由な形式で書かれた小作品の一種とされている。

オペラ曲『オオサカのエゴイズム』ってどんな曲？

20世紀初頭にヨーロッパで大流行した日本人が主役のオペラといえば、『蝶々夫人』（1904年初演）がよく知られているが、『蝶々夫人』が大ヒットする直前まで人気を得ていたのが、イタリアの作曲家マスカーニによる『イリス』（1898年初演）である。

美しくて純粋な少女イリスをものにしようとして、金持ちの若旦那オオサカが吉原の芸者屋の主キョートとグルになり、イリスを奪い去る。しかし、イリスは、オオサカの求愛を拒み、父親の元へ帰してくれるように頼み、その願いがかなわないと知ると、ついに身を投げるというストーリーだ。

その瀕死のイリスの耳に届くのが『オオサカのエゴイズム』という曲だった。

世界最古のオペラの演目は？

オペラの歴史をさかのぼると、そのルーツは、古代ギリシアの「ギリシア悲劇」にあるといえそうだ。

ギリシア悲劇は、遠くから観ている観客にも、登場人物の役柄などがよくわかるように、派手な演出が施されていた。声も大きければ、身ぶり手ぶりも大きかった。セリフだけではなく、歌も多用されていた。

やがて時代は下り、16世紀のイタリアで、「ギリシア悲劇」を復活させようという動きが起きる。その中心人物は、ギリシア文化の復興に力を入れていたバルディ伯爵。1597年には、同伯爵邸で実験オペラ『ダフネ』が上演された。それが世界最古のオペラとされる。

本場ブラジルでは、ボサノヴァはもう古い？

日本では、ボサノヴァは、カフェのBGMからCM音楽にまで使われ、さらにヒップホップの素材としても人気がある。

そのボサノヴァは1950年代後半のブラジルで生まれ、世界中へ広まった音楽だが、発祥の地ブラジルでは、現在ではボサノヴァを聴く人は多くはないという。

もともと、ボサノヴァは、アメリカ文化の洗礼を受けた若者たちが、新しい音楽を求める中、民族音楽サンバの一種として生まれた。

一言でいえば、サンバのリズムを簡単にし、ソフトなビートにアレンジしたものといえるが、その後、ロックが大流行すると、本家のブラジルではボサノヴァは懐メロ扱いされはじめ、現在に至っている。

世界で一番長い歌は何番まである？

現在、「世界で一番長い歌」とされるのは、日本の『ねがい』という歌である。全部で2100番以上に到達し、全部歌うには、20時間以上かかるとみられている。

２００３年に淡路島で開かれた「国際教育ネットワーク」のテーマ曲とされたことで、世界中で歌われるようになり、現在では世界29カ国、33言語に翻訳されている。

原作は、２００1年、広島市立大州中学校の３年生が、平和を訴えて歌う「広島合唱団」と交流した際、自分たちの思いをまとめた「平和宣言」。それに曲がつけられて、『ねがい』という歌になった。

当初は4番までしかなかったが、その後、「みんなで5番を作りましょう」という企画が持ち上がり、世界中の子どもたちが次々と作詞して増えていった。

いまも詞が受けつけられているので、世界一長い歌は今後もさらに長くなっていく。

世界で一番古い国歌は、どこの国で生まれた？

世界一古い国歌は、歌詞にかぎれば、日本の「君が代」とみられている。国歌に制定されたのは明治維新後の１８７０年のことだが、その歌詞は平安時代の９０５年に編纂された古今和歌集にすでに登場しているからである。

その歌とは「わが君はちよにやちよに

さざれ石の巌となりて苔のむすまで」

というもので、「君」とはあなたを指し、家族の長寿を祝う歌だった。

明治維新後、国歌制定の必要に迫られたさい、薩摩藩出身の大山巌らが、この古歌を国歌として選定。冒頭を「天皇の治める代」という意味の「君が代」に改変し、イギリス公使館の軍楽長だったフエントンが作曲を担当した。当初は洋風のメロディーだったが、宮内庁雅楽課の林広守らが編曲し直して、1880年に現在の君が代が完成した。

ちなみに、詞と曲を合わせた国歌として最古のものは、楽譜が1574年に作られたオランダ国歌とみられている。

『花いちもんめ』の歌詞に隠されたコワい話とは?

童歌の『花いちもんめ』。昔の子どもたちは、この歌を口ずさみながら「あの子が欲しい〜」「勝ってうれしい花いちもんめ〜」と素朴な遊びを楽しんだものだ。

しかし、その愛らしい雰囲気とはうらはらに、この童歌の歌詞のテーマは人身売買である。

まず、題名にある「花」は娼婦のこと。「あの子が欲しい」は、美しい娘を女衒（ぜげん）が欲しがっている様子、「勝ってうれしい」は「(娘を) 買ってうれしい」という女衒の気持ち、「負けて悔しい」は「(値段を) 負けて悔しい」という親の気持ちを表している。

『鳩ぽっぽ』に出てくる「鳩」はどこの鳩？

童謡『鳩ぽっぽ』を作詞したのは、東(ひがし)くめという明治時代の女学校の先生だった。彼女はある日、夫の東基吉（幼児教育者）から、「子どもにも楽しく歌える歌ができないか」と相談される。

そこで、くめは、浅草の観音様の境内で、子どもたちが鳩と遊ぶ姿を思い浮かべながら、子どもにもよくわかる言葉を使って、『鳩ぽっぽ』を作詞した。

なお、曲をつけた滝廉太郎(たきれんたろう)は、くめの音楽学校時代の後輩にあたる。

「茶壺に追われて…」ってどういう意味？

『ずいずいずっころばし』という童謡は、江戸時代に行われていた「お茶壺道中」に由来する。当時、宇治の一番茶が茶壺に入れられ、大切に運ばれて、江戸の将軍家に献上されていた。それが「茶壺道中」である。

「茶壺道中」は重要な行事とされ、「茶

壺」の行列を妨げると罰せられた。そのため、沿道の人々は行列が近づいてくると、追われるようにして家の中に逃げ込み、行列が通り過ぎるのを待った。

その様子を歌にしたのが「茶壺に追われて」。「トッピンシャン」は戸をピシャッと閉めるという意味とみられる。

『フランダースの犬』は欧米ではあまり読まれていない!?

『フランダースの犬』は、日本では広く読まれ、アニメでも人気の作品。ところが、欧米では、ほとんど読まれることのない忘れられた作品となっている。

どうやら、欧米の感覚からすると、ネロ（本来の設定は15歳）はすでに自立すべき年齢に達しているのに、運命に翻弄されるだけというところが、教育的見地から好ましくないとみられているようだ。

桃太郎のお供が犬、猿、雉に決まった深い事情とは？

昔話の桃太郎のお供といえば、犬・猿・雉（きじ）に決まっているが、このトリオに決まった理由は、鬼の角と虎皮の下履きに関係している。

鬼は、鬼門（丑寅（うしとら）の方角）の象徴であるため、丑のような角をはやし、寅のパンツをはいている。

そして、十二支の方位図では、丑寅の反対側には、戌（いぬ）、申（さる）、酉（とり）が並んでいる。そこで、鬼退治のお供には、犬、猿と鳥である雉が選ばれたのだ。

童謡『メリーさんの羊』はどうやって生まれた？

童謡『メリーさんの羊』は、メリーという女の子と一緒に小さな羊が保育園へ行ったところ、園児たちが騒ぎだして、先生に叱られるが、羊は外でおとなしくメリーを待っていたという話を歌にしたものだ。

この歌は、アメリカでの実話にもとづき、ボストン郊外のサウス・ザドベリーという町には、今も羊がメリーについていったという小さな保育園が残っている。

その保育園で起きた出来事を、1830年、サラ・ジョセファヘールという雑誌編集者が婦人雑誌に紹介。それをもとに、まず『Mary had a little lamb』という童話が作られ、その後、童謡化されて世界中に知られることになった。

『おお牧場はみどり』の原曲に、衝撃のメッセージ!?

『おお牧場はみどり』という唱歌は、日

本では、明るくさわやかな歌として知られ、子供合唱団の定番曲の一つでもある。ところが、スロヴァキア民謡の原曲は、かなりエッチな曲で、いまでは現地で聴くことはない。1970年に来日した当時のチェコスロヴァキア国立舞踊合唱団は、主催者側の申し入れでこの曲を歌ったが、メンバーはとまどいを隠せなかったという。

原曲は、緑の牧場で、草刈りに疲れて泣く貧しい娘をもてあそぶため、好色な若殿が馬で駆けつけるという内容。オーストリア・ハンガリー帝国時代、若い娘を召し上げる好色な領主を風刺する歌だった。

その曲が、19世紀末、移民とともにアメリカへ渡り、レクリエーション・ソングとして広く歌われるようになり、戦後、YMCAの歌集に加えられ、日本に伝えられた。そして、1961年にスタートしたNHK『みんなのうた』で取り上げられ、広く知られるようになった。

人形浄瑠璃のことを「文楽」というのは？

近松門左衛門の『曾根崎心中』や『心中天網島（てんのあみじま）』などで有名なのが人形浄瑠璃。その人形浄瑠璃のことを「文楽」ともいうが、その名は寛政年間（1788

～1801年）の興行師・植村文楽軒に由来する。

文楽軒は、大坂に人形浄瑠璃の定席をつくった人物。のちに劇場を移したさい、新劇場の名が文楽座となった。そこから人形浄瑠璃の上演場所といえば「文楽座」、人形浄瑠璃を「文楽」と呼ぶようになった。

「和歌」と「短歌」はどう違う？

本来、和歌には、長歌、短歌、旋頭歌（せどうか）などがあり、長歌は、五・七を三回以上繰り返し、最後を七でしめる形式。旋頭歌は、五・七・七・五・七・七という38文字の形式で詠む歌だ。

奈良時代に編纂された『万葉集』には旋頭歌などもおさめられているが、平安時代以降は、和歌と言えば、事実上、五・七・五・七・七の短歌のことになる。短歌は本来、和歌の一形式だったが、この時代以降は和歌＝短歌となったわけだ。

現代では、明治以降の作品を短歌、江戸時代以前の歌を和歌と呼ぶことが多い。

『四谷怪談』はどこまでが実話なの？

1825年（文政8）、鶴屋南北作の

『東海道四谷怪談』が初演された。夫に殺されたお岩が、恨みをはらすために化けて出るというストーリーは、南北が〝実話〟をもとに創作したもの。南北が『東海道四谷怪談』を著す約1世紀前の『四谷雑談集』に、そっくりの実話とされる話が登場するのだ。

主人公らの名前は同じで、伊右衛門がお岩を裏切る過程も同じ。お岩が怨霊となって化けて出るところも同様である。

違う点は、南北作品のお岩はもとは美人だったが、『四谷雑談集』のお岩は、21歳で疱瘡にかかり、伊右衛門と結婚したときは、すでに髪が抜け落ち、片方の目がつぶれていたとあることだ。

『白波五人男』のモデルはじつは4人!?

日本駄右衛門、弁天小僧など、歌舞伎の「白波五人男」には、モデルがいる。江戸時代屈指の大泥棒・浜島庄兵衛を頭とする窃盗団である。

庄兵衛は、尾張の足軽の息子だったが、身を持ち崩して窃盗団を結成。尾張など、八ヵ国で盗みを働くが、やがて一味は捕まり、庄兵衛らは江戸市中引回しの末、斬首されている。

ただし、捕まったのは4人で、白波五人男には1人足りなかった。

「太宰治」というペンネームをめぐる三つの説とは?

『斜陽』や『人間失格』などで知られる太宰治。この「太宰」というペンネーム(本名は津島修治)の由来をめぐっては、有力な説が三説ある。

まずは、京大仏文科の教授「太宰施門」の苗字からとったという説。二つめは、太宰府天満宮の「太宰」をとったという説で、太宰本人は、インタビューでそう答えている。三つめは、弘前高校時代の同級生「太宰友次郎」の姓を借用したという説だ。

石川啄木が書いていた秘密の日記の中身とは?

歌人の石川啄木(たくぼく)は、妻以外の女性との情事を日記に克明に記していた。横で眠っている女の股を触ったとか、花街で女郎を買ったなど、その様子を細かく書き残しているのだ。

啄木は、その日記をローマ字でつけていた。日記を書きたいが、妻には読まれたくない。そこで、読まれずにすむようにと、ローマ字で書いたのだ。

ただし、啄木のその作戦は妻には通じなかった。女学校で英語を習っていた妻は、ローマ字を読むことができたのだ。

兄弟なのに徳富蘇峰と徳冨蘆花の名字が微妙に違うのは？

戦前の大ジャーナリスト・徳富蘇峰と、小説家の徳冨蘆花は、実の兄弟である。ところが、2人の名字は微妙に違い、兄は「徳富」、弟は「徳冨」と書く。

もともとは、兄弟とも「徳富」姓だったのだが、弟の蘆花は、偉大な兄に対して、尊敬とコンプレックスが入りまじった複雑な感情を抱いていた。そこで、点が一つ足りない「徳冨」を用いたのである。

夏目漱石の葬儀の受付担当だった意外な人物とは？

文豪・夏目漱石が亡くなったのは、1916年（大正5）12月9日のこと。漱石の葬儀には、多数の人が参列したが、そんな漱石の葬儀で受付をしていたうちの1人は、『羅生門』などの作品で知られる作家、芥川龍之介だった。

芥川は、漱石の葬儀について『葬儀記』という回想録を残している。それによると、芥川のほかにも、漱石門下で小説家の久米正雄、哲学者の和辻哲郎らが受付を務めたという。

久米正雄は『受験生の手記』『破船』などの小説で知られ、和辻哲郎は『古寺巡礼』『風土』などの著作を残したことで有名だ。

さすが漱石、その葬儀の受付台には、のちの文豪や大哲学者が並んでいたのである。

サザエさんとマスオさんは恋愛結婚か？

1969年（昭和44）から始まったテレビアニメの『サザエさん』。現在も放送中で、テレビアニメとしては世界一の長寿番組といわれる。

その主人公のサザエさんには、マスオさんという夫と、タラちゃんという子どもがいる。

では、サザエさんとマスオさんは、恋愛結婚だったのだろうか？　それともお見合い結婚だったのだろうか？

テレビ放映のサザエさんは、結婚後の話が中心になっているが、1946年（昭和21）に始まった新聞連載には、サザエさんの独身時代も描かれている。

それによると、サザエさんは、父波平の友人の世話で、福岡市内のデパートの食堂で、マスオさんとお見合いしている。2人は大した話もしていないのに、その場で結婚を決めたことになっている。

ジャイアンの口癖はイギリスのことわざだった！

『ドラえもん』に登場するガキ大将ジャイアンは短気で粗暴で毒舌家、のび太をはじめとするクラスメートをいじめている。そして、その口癖は「おまえのものはおれのもの、おれのものもおれのもの」である。

じつはこのセリフ、もとはイギリスのことわざである。

そのルーツは、16世紀末の劇作家シェイクスピアの『尺には尺を』という作品に登場するセリフ。その「オレの物はあんたの物、あんたの物はオレの物」というセリフをもとに、1738年、『ガリバー旅行記』で知られる作家ジョナサン・スウィフトが、『上品な対話』という作品の中で、「お前の物はオレの物、オレの物はオレ自身の物」というセリフに変えて使った。それが現在まで、ことわざとして伝わっているのである。

ドラえもんは中国ではどう呼ばれている？

中国では、日本のカタカナ名も漢字に換えて表記するので、人気マンガ『ドラえもん』の登場人物も、当然のことながら、中国式の漢字表記となっている。

まず、ドラえもんは「机器猫」と書く。ジャイアンは「胖虎（太った虎という意味）」で、スネ夫は「小夫（つまらないやつという意味）」。「のび太」はなぜか中国では「堂々とした人」を表す「大雄」という名前になっている。

　ちなみに、タケコプターは「飛行器」、どこでもドアは「随意門」、タイムマシンは「時空機」と表されている。

ガンダムの「ダム」には、どんな意味がこめられている？

『機動戦士ガンダム』は、企画段階では『フリーダム・ファイター・ガンボーイ』というタイトルだった。

　その後、いろいろな案が浮かんでは消えるなか、やがて『機動戦士ガンボーイ』というタイトルが有力になった。そのとき、『フリーダム・ファイター・ガンボーイ』の一部が復活する。

　「自由」を意味する「フリーダム（freedom）」を残したほうがいいとなり、後半の「ダム（dom）」をとって、『機動戦士ガンダム』となったのだ。というわけで、ガンダムの「ダム」には「自由」という意味がこめられている。

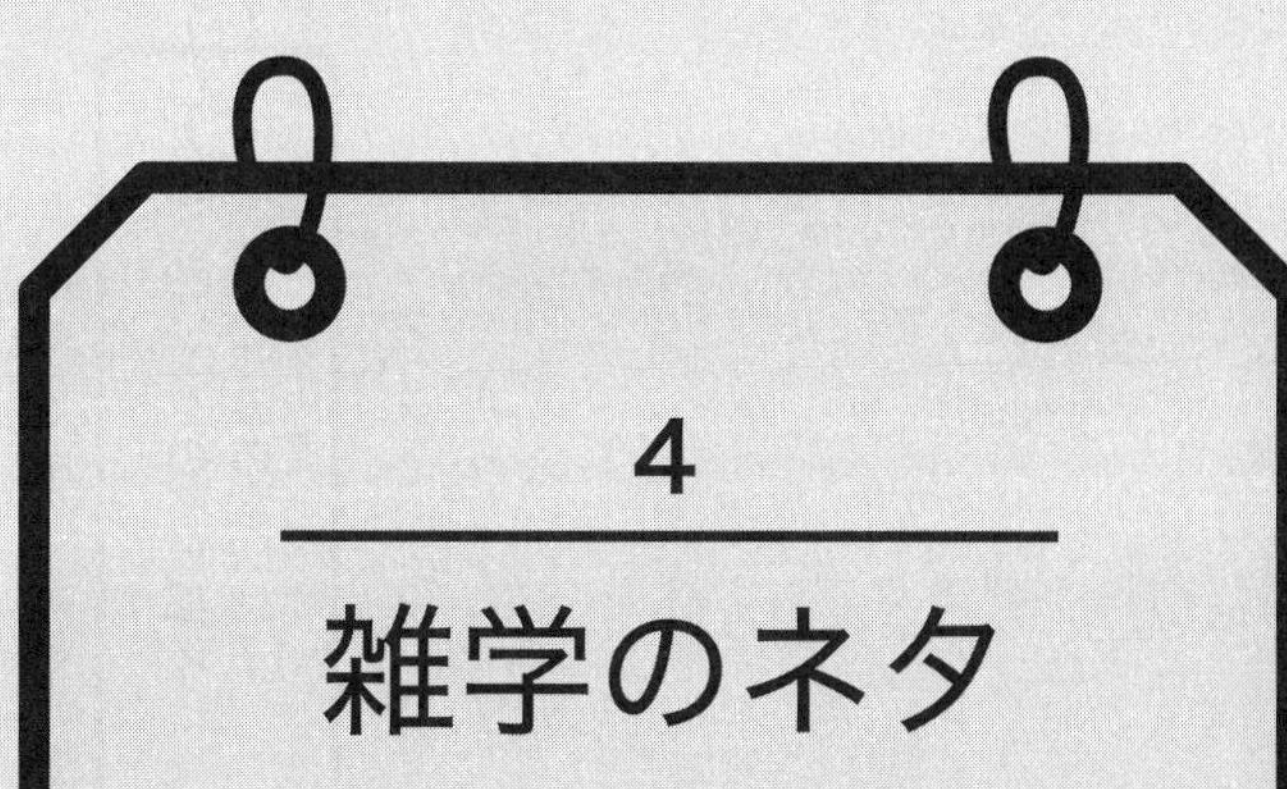

4

雑学のネタ

Conversation Handbook
for Mature People

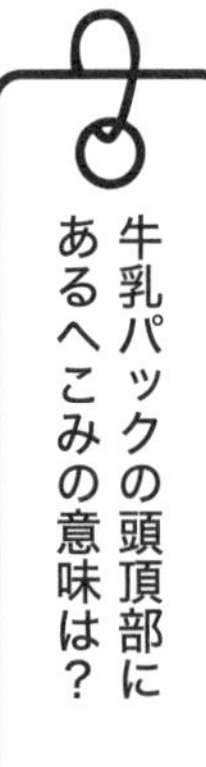

牛乳パックの頭頂部にあるへこみの意味は？

牛乳紙パックの頭頂部の端に、半月型のへこみがつけられていることに、お気づきだろうか？

それは、業界では「切欠き」と呼ばれる切り込み。2001年から、視覚障がい者向けのバリアフリー設計のひとつとして施され、その牛乳が「成分無調整牛乳」であることを表している。

牛乳には、低脂肪牛乳などの加工乳や、コーヒー牛乳などの乳飲料など、さまざまな種類がある。そのなかで、成分無調整牛乳であることが手の感触だけでわかるように、パックの形を少し変えてあるというわけだ。

「切欠き」は、紙パックの開け口の反対側につけるとも決められているので、手の感触だけで、開け口の位置がすぐにわかるようにもなっている。

奈良公園がシカの糞だらけにならないのは？

奈良公園の周辺には、1200頭ものシカがいて、毎日、大量に糞（ふん）をしている。その糞の量は、日々1トンにものぼっている。

しかし、1トンもの糞が散らばっているはずなのに、奈良公園に行って、シカの糞臭に悩まされたり、シカの糞を踏んづけたという人の話はあまり聞かない。なぜだろうか？

それは、市役所あたりががんばっているからではなく、ある「虫」のおかげである。奈良公園周辺には、コガネムシの仲間の「糞虫（ふんちゅう）」が無数に生息し、シカが糞をすると、その中にもぐりこんで、せっせと分解しているのだ。日本にすむ糞虫160種類のうち、奈良公園周辺には、60種類もの糞虫がすんでいるのだ。

マニアの間では、奈良公園周辺は、「糞虫の聖地」とも呼ばれるほど。奈良市には「ならまち糞虫館」という博物館があるくらいだ。

本当に奈良漬けで酔っ払うことがある？

飲酒運転で検挙された人が、「酒は飲んでいない。奈良漬けを食べた」と、言い訳することがある。そこで、本当に、奈良漬けを食べて、警察の呼気検査にひっかかることがあるのか、新聞社・テレビ局と運転教習所が協力して、実験を行ったことがある。

道路交通法で、酒気帯び運転になるアルコールの基準値は、呼気1リットル当たり0・15ミリグラムだが、奈良漬けを食べてから呼気を測定したところ、奈良漬けを60切れも食べた人でも、基準値を超えなかった。

アルコールの分解能力は個人差が大きいので、この実験だけで「(すべての人が)奈良漬けで酔っぱらうことはない」とはいいきれない。ただ、奈良漬けを数枚食べたくらいで、呼気に影響が出ることは、ほぼありえないとはいえそうだ。

頭をぶつけると、本当に「星」が見える?

目の玉のなかでは、しばしば「内視現象」と呼ばれる現象が起きている。その現象のひとつが、医学的には「眼内閃光」と呼ばれる現象。要するに、頭を強くぶつけたときなどに、「星が飛び出したように見える」現象のことだ。この現象は、網膜などに強い刺激が加わることによって、脳がその刺激を光と勘違いすることによって生じる。

「内視現象」には、ほかにもいろいろなタイプの現象があって、「飛蚊症(ひぶんしょう)」も、そのひとつ。

視界の中に糸くずのようなものが漂うように見える現象で、遊離したコラーゲン繊維などが、網膜に影を落とすことによって「見える」現象だ。

大災害が起きたとき、動物園は猛獣の脱走に対処できる？

『ジュラシック・パーク』は、逃げ出した恐竜たちに人間が襲われる恐怖を描き、大ヒットした映画。それに似た恐怖が、現実に起きることはないのだろうか？

たとえば、動物園が大地震に襲われたとき、檻や柵、ガラスが壊れて、ライオンやトラが逃げ出す恐れはないのだろうか？

これは杞憂である。動物園の檻や柵、ガラスなどは頑強であり、災害に対しても強い。じっさい、阪神大震災では、多くのビルが倒壊したのに、神戸の王子動物園は無事だった。

万が一、檻や柵が崩壊したとしても、猛獣たちに脱走する〝度胸〟はない。檻や柵が壊れるような大災害が起きれば、動物は人間以上に不安な状態に陥る。そうなった動物たちが何をするかといえば、よく知っている場所に身を置くことだ。彼らは、脱走するどころか、部屋の片隅にじっとうずくまっていることだろう。

医師が自分で自分を診療したら、保険はきくか？

医師は、自分で自分を診療することが

ある。

むろん、重い病気が懸念される場合は、専門医にかかるが、かるいカゼやケガ程度なら、自分で診察し、治療していることがあるのだ。たとえば、「カゼ気味だな」と思うときには、抗生物質を飲んだりしている。

そのように、医師が自分で自分を診療することを「自己診療」というが、この自己診療に保険はきかない。日本の健康保険制度では、自己診療を対象としていないからだ。

ただし、離島など、ほかに医師のいない地域では、緊急的に自己治療が必要な場合もありうるので、そういうケースには、例外的に保険請求や支払いを認めている保険組合もある。

白の色鉛筆の使い道を知っている？

色鉛筆をかつて使っていた人も、現在使っている人も、白の鉛筆はなかなか減らないのではないだろうか。

白の色鉛筆は、どんなときに使うものなのだろう？

白鉛筆の使い方といえば、まず多くの人が思いつくのは、色つきの紙に白で描くことだが、じつは白い紙でも、白鉛筆で塗り、それにグレーの色鉛筆で陰影をつけると、白いバラや白ネコ、白い靴などを描くことができる。

その際のコツは、もっとも白いところから描くことと。

また、強く塗り込んだ部分は、光沢となって質感が出るので、光の具合をチェックしながら描くと、味わいのある作品ができあがる。

闘犬の反則の一つ「変態」って、どんな行為?

犬どうしが闘う「闘犬」には、いくつかの反則行為がある。たとえば、試合中に大便や小便を漏らした犬は、即反則負けになる。

その闘犬の反則のひとつに、「変態」と呼ばれる行為がある。

これは、闘っている最中、交尾の姿勢になることによる反則。具体的には、相手の犬の後ろから乗っかって、腰を振ることを指す。

この反則が生じると、したほうも、されたほうも戦意を失い、試合にならなくなるので、したほうが反則をとられるのだ。

闘犬の大きな大会では、1日60試合ほどが行われるが、1~2試合は、この「変態」行為で反則負けを宣告される犬が出るという。

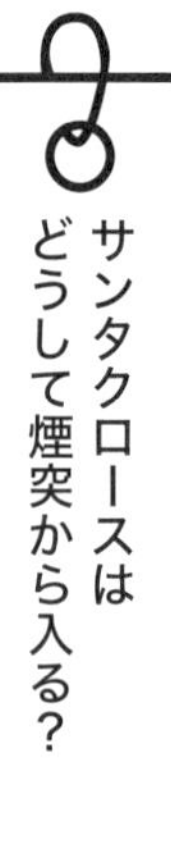

サンタクロースはどうして煙突から入る?

サンタクロースは、子どもにプレゼントを配るのに、その家の煙突から入ることになっている。

冷静に考えると、煙突から入ればヤケドをする可能性もあるし、泥棒と間違われることもあるはずだ。それでも、サンタクロースがあえて煙突から入るのは、サンタのモデルである聖ニコラスをめぐる次のような伝説に由来する。

3〜4世紀頃、今のトルコにニコラスという司教がいた。彼の教会の近くには、3人の娘がいる貧しい家庭があり、父親はあまりの生活苦に娘を売ることまで考えていた。その話を聞きつけたニコラスが、ある夜、家の煙突に数枚の金貨を投げ込むと、その金貨は暖炉に干してあった靴下の中に飛び込んだ。

娘たちはその金貨のおかげで救われたという話から、煙突から家に入り、靴下にプレゼントを入れるというサンタクロースの伝説が生まれたのである。

人間のあくびは、動物にも伝染する?

オフィスで誰か1人があくびをすると、

他の誰かがあくびをすることがある。そのことから、「あくびは伝染する」ともいわれるが、動物相手の場合はどうだろう?

サルなど高等な知性を持っている動物の場合、人間のあくびが伝染するケースがあるようだ。

アメリカの国立衛生研究所動物センターのポークナー博士らの実験によると、まずベニガオザル同士では、あくびが伝染することがわかっている。また、イギリスのバークベック大学の千住淳氏らの研究によると、ヒトからイヌへも伝染する。

なぜ、あくびが伝染するのか、その原因をめぐる有力な説は「共感力による作用」というもの。仲間と思った相手があくびをしたとき、それに共感し、自分もあくびをしてしまうというのだ。

共感するためには高度な知性が必要であり、ヘビや鳥の間ではあくびは伝染しない。

火葬するときは、カツラをはずすのか?

最近のカツラは、とても精巧にできている。「そろそろヤバイかな」という時期からカツラを利用すれば、生涯、親しい人にも薄くなったことを気づかれずにすむ。

しかし、そんな人でも、やがてバレる日がくることを覚悟しておく必要がある。火葬では、カツラを一緒に燃やすことが、原則として禁止されているからである。

その理由は環境問題。カツラは、人工毛と人工皮膚の部分に、塩化ビニールが使われている。塩化ビニールを燃やすと、猛毒のダイオキシンが発生し、環境汚染の一因になりかねないからだ。

ただし、現実には、遺族に「カツラですか？」とか、「カツラをはずしますよ」とは言いづらいこともあって、カツラをつけたまま火葬されることも少なくないようだ。

学校のチャイムは、なぜキーンコーンカーンコーン？

全国の多くの学校では、授業の始業や終業をチャイムで知らせている。そのチャイムの音色は、多くの場合、例の「キーンコーンカーンコーン」である。

その原音は、英国議事堂（ウェストミンスター宮殿）の時計塔のもの。いわゆる「ビッグベン」の音色だ。その音色が、日本で学校のチャイムに採用されたのは、1950年代のことだった。

当時の学校では、ベルやサイレンが使われていたが、戦争の記憶が残る時代だけに、空襲警報などを思い出して、おびえる児童や生徒もいた。そこで、東京の中学や警報機メーカー、広島の産業機器メーカーなどが、それぞれ独自に代用品を研究。ラジオの全国放送で「ビッグベン」の音色が流れていたこともあって、偶然にも、中学やメーカーが一致して「キーンコーンカーンコーン」というチャイムを採用した。

以後、このチャイムが全国的に普及したというわけだが、もちろんこの音色でなければダメと規則で決まっているわけではないので、違う音色のチャイムを使用している学校もあれば、いまもベルやブザーを使っている学校もある。

中華鍋で衛星放送を受信できる？

衛星放送用のパラボラアンテナは、お碗のような形をしている。それを見た人が、「中華鍋でも衛星放送をキャッチできるのではないか」と考え、さっそく試してみた。その結果は、衛星放送を受信することができたという。

衛星放送用の電波は、地上波の電波と違い、波長が短い。だから、地上波のアンテナのように大きく張り出す必要はないが、はるか上空の衛星から送られてくる電波をキャッチするためには、それらを集中して受けることが必要になる。そこで、おわん型のアンテナで電波を反射させ、受信機に集めている。つまり、電波を反射させて受信機に集めることができれば、中華鍋でも代用できるというわけだ。

ただし、現実に中華鍋で受信するには、電波が反射したときの焦点を探し出して受信機を固定するなど、相当の専門技術を必要とする。

不二家のペコちゃんは、時代とともにどう変化した?

不二屋のペコちゃん人形が店頭に置かれるようになったのは1950年(昭和25)前後からで、出身地は「地球上のどこかにある夢の国」、年齢は「永遠の6歳」となっている。6歳なので、当然ながら幼児体型だが、ちゃんとスリーサイズも公表されている。それによると、「バスト58センチ、ウエスト55センチ、ヒップ63センチ」である。

第1号人形を作ったのは日劇の大道具係で、2代目の社長が日劇のレビューに出ていた動物の張り子をヒントに思いついたという。当初はギョロ目でやや面長だった顔が、1968年(昭和43)に黒目がちでふっくらした頬になり、1981年(昭和56)には頬の赤みがおさえられるなどの微調整が加えられてきた。そのため、コアなファンの間では「プチ整形」とも呼ばれている。

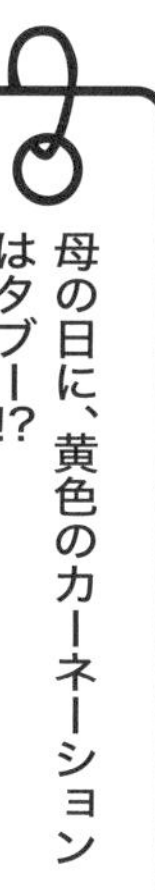

母の日に、黄色のカーネーションはタブー!?

「母の日」は20世紀初頭、アメリカではじまった記念日。１９０７年5月、アンナ・ジャービスという少女が、亡くした母を偲ぶ会を開き、母が愛した白のカーネーションを祭壇に供えた。その後、アンナは、母に感謝する「母の日」の行事を催すことを提案、それが全国に広まっていく。

１９１４年、5月の第2日曜日が全米的に「母の日」と制定され、存命の母には赤のカーネーション、亡くなった母には白のカーネーションが贈られるようになる。なお、赤のカーネーションの花言葉は「母の愛」や「熱烈な愛」で、白は「亡き母へ」「尊敬」だ。

一方、黄色のカーネーションの花言葉は、「軽蔑」と「嫉妬」。だから、母の日を含めて、人にこの花を贈るときには、黄色のカーネーションは入れないように注意したい。

一方、父の日には、一部に「バラ」を贈る習慣があるが、黄色のバラの花言葉は「幸福」。こちらは、黄色いバラを贈っても問題はない。

マジックで活躍するハトは、ふだんはどこで飼われている？

マジシャンがステージで出したり消したりするマジック用のハト。ふだんは、どのようにして飼われているのだろうか？

ステージ用のハトは、マジシャン自身によって大事に飼育されている。ともに、マジシャンはただ飼うのではなく、ハトに対してトレーニングを施している。合図で飛び出したり、人間の指先に止まったりといった芸を仕込むには、日々のトレーニングが必要なのだ。

なお、マジックで使われるハトは、通称「銀鳩」と呼ばれる種類。小型で、性格がおとなしく、訓練しやすい品種だ。

平安時代の貴族も、かけ算の「九九」を暗記していた？

かけ算の「九九」は、もともと中国で考案された。すでに春秋戦国時代（紀元前７７０～紀元前２２１）には、九九を暗記していることが特技と認められていたという記録が残っている。

日本へは、飛鳥時代、朝鮮半島の百済から、他のさまざまな文化とともに伝えられた。万葉集には「猪鹿（しし）」を「十六」と記した表現があり、平安時代になると、公家の教養の一つとされるようになった。

「九九」と呼ぶのは、かつて「9×9」から逆戻りして覚えたからだという。日本で現在のように「1×1」から言うようになったのは、安土桃山時代から江戸初期にかけてのこととみられている。

ダイヤが本物かどうか自分で見分ける方法は？

プレゼントしてもらったダイヤの指輪が、本物か偽物か、自分で見分ける方法がある。ダイヤを冷凍庫で5分くらい冷やして、取り出すという方法である。

そうすると、最初のうち、ダイヤの表面は空気中の水蒸気がついて曇るが、本物ならアッという間に曇りが消え、本来の輝きを取り戻す。

本物のダイヤは熱伝導率がずば抜けて高いので、冷凍庫から取り出すと、すぐに温度が上がって曇りが消えるのである。一方、偽ダイヤは少し時間がたたないと曇りが消えないはず。

「マトリョーシカ人形」の意外なルーツとは？

ロシア名物に、人形の中から次々と人

形が出てくるマトリョーシカ人形がある。一説では、この民芸品は、七福神が次々と現れる箱根細工の人形を真似て作られたもの。

1890年（明治23）頃、箱根にあったロシア正教会の保養所に滞在したマモントフ夫人が、お土産として、七福神の入れ子細工の人形をロシアへ持ち帰った。そして、一家がパトロンとして援助していた芸術家の1人に、それを真似た入れ子人形を作らせた。

やがて、それが人気の民芸品になり、最初にモデルとなった女性の名前にちなんで、「マトリョーシカ」と呼ばれるようになったのだ。

たばこ店で、宝くじを販売していることが多いのは？

宝くじはなぜかたばこ店でも扱っている。

宝くじとたばこ店の関係は、終戦直前に発売された「勝札」の販売がたばこ販売組合に委託されたことにさかのぼる。

江戸時代の富くじは、幕府の許可を得た寺社が勧進（かんじん）のために発売していた。ところが、明治時代になると、それが禁止される。その後、終戦直前の昭和20年（1945）7月16日、戦費を調達するため、国は「勝札」を発行することを決定した。
そのさい、政府は販売ルートとして、全国各地にあるたばこ店に注目。たばこ販売組合に業務委託し、販売してもらうことにした。その業務が戦後、そして現在まで受け継がれ、いまも宝くじを扱うたばこ店が多いのである。

現代人にネアンデルタール人の子孫はいる?

ネアンデルタール人は、3万年前に絶滅したといわれる。現在のヒトに近い存在ながら、ヒトとは別種と考えられている。

かつてそのネアンデルタール人系の遺伝子は、現在の人間には残っていないと思われてきたが、今では、そうではなかったことがわかってきている。今の人類の多くはネアンデルタール人の遺伝子を引き継いでいるのだ。

ドイツのマックスプランク進化人類学研究所などの研究チームによれば、ネアンデルタール人の遺伝子はヒトにも残っているという。

同チームは、ネアンデルタール人の骨片からゲノム(全遺伝情報)配列を調べ、その6割を解明。それとアフリカ以外の地域のヒト・ゲノムと比較したところ、1〜4%はネアンデルタール人由来と推測できたのだ。

これまで、ネアンデルタール人とヒトは交雑不可能とされてきたが、同チームの研究によって、両者は交雑可能であり、ネアンデルタール人の遺伝子がヒトの中に残っていることがわかってきたのだ。

太陽系の小惑星が「タコヤキ」という名前になったのは？

小惑星は、30万個以上発見されているが、発見者に命名権が与えられるため、中には「タコヤキ」という名の小惑星もある。

地球から約4億キロ離れた牡牛座で輝く18等星で、そんなユニークな名前をつけたのは大阪の子どもたちである。

そもそも、小惑星の命名権は、第一発見者にある。その命名基準は、「発音可能な英文字で16文字以内」とか、「公序良俗に反しないこと」「政治や軍事に関連する事件や人物は没後100年以上のもの」と、意外にゆるやか。

「タコヤキ」の第一発見者は、北海道の箭内(やない)政之氏と渡辺和郎氏だったが、その名は2001年に大阪で開催された「宇宙ふれあい塾」で命名された。その方法が、事前に公募された名前の中から、子どもたちの拍手によって決めるというもので、大阪の子どもにもっともウケたのが「タコヤキ」だったというわけだ。

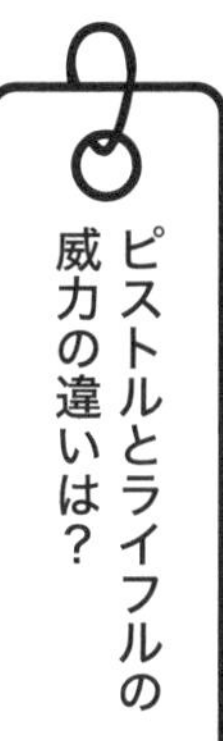

ピストルとライフルの威力の違いは?

ピストルで撃たれても、それで命を落とす確率は意外に高くない。拳銃の弾丸は、さほど大きくないし、速度は初速で秒速400メートルほど。その程度の威力では、心臓や大動脈、脳を直撃しないかぎり、即死することはない。

一方、ライフルは、弾丸が大きいうえ、初速が秒速700メートルを超えるので、大動脈や脳を直撃しなくても、かなりの確率で即死する。腕や足に当たった場合でも、ショックが体中に伝わって、組織が広範囲に損傷し、数秒以内に死んでしまうことがある。

世界で一番最初にストローを使ったのは?

カフェでも、家庭でもお世話になるストローの生産が日本で始まったのは明治時代のことだった。

ストローとは本来、英語で「麦わら」という意味で、当時は本当に麦の茎の部分が使われていた。

世界で初めてストローが使われたのは、なんと紀元前6000年頃のことだという。メソポタミアの遺跡から、ストローのようなもので飲み物を飲む図が見つかっているのだ。

当時からすでに麦や葦（あし）の茎が使われていたようで、飲み物にまじる不純物を飲み込まないようにするために使われていたと考えられている。

ランドセルって いつ頃からあるの？

ランドセルのルーツは、ヨーロッパで使われていたカバン。

明治時代、それを見たある父親が、自分の子どもに似たようなカバンを背負わせ、学習院初等科へ通わせた。

そして、それを見た学習院の先生が「子ども用にちょうどいい」と、1885年（明治18）に小学生用のカバンとして導入したのが最初とみられる。

学習院では、そのランドセルを作るとき、陸軍の背負いカバン（背嚢（はいのう））をモデルにした。そこから、オランダ語で背嚢を意味する「ランセル」からランドセルという呼び名ができた。

ただし、戦前、ランドセルを背負っていたのは学習院へ通うような良家の子女だけで、庶民の子どもは、風呂敷で教科書などを包んで持ち運ぶのが一般的だった。

セカンドバッグがあるなら、ファーストバッグもある？

「セカンドバッグ」といえば、小脇にかかえるような小さなバッグ。一方、「ファーストバッグ」という言葉はない。

もともと、欧米ではパーティーに出るときには、大きなバッグをクロークに預け、小物類だけ小さなバッグに入れて会場へ入るもの。

1980年代、そんなバッグを輸入し始めた当初は欧米にならって、小脇に抱えるバッグを「クラッチバッグ」、化粧品を入れるバッグを「バニティー」と呼んでいたが、ある輸入業者がそれらをまとめて「セカンドバッグ」と名づけたところ大ヒット。一般にも「セカンドバッグ」という呼び方が定着したのである。

ラーメンを食べてもコンタクトレンズが曇らないのは？

ラーメンやうどんを食べると、メガネが曇って困るものだ。ところが、コンタクトレンズは、ラーメンなどを食べてもまったく曇らない。なぜだろうか？

それは、もともとレンズの表面が乾いているか、湿っているかの違いによる。ラーメンを食べたとき、メガネが曇るのは、乾いているレンズの表面に湯気があたり、結露するから。

一方、コンタクトレンズは、目の中に入れて使うため、常に涙で濡れた状態になっている。そのため、ラーメンやうどんの湯気があたっても曇ることはないのだ。

男性は黒足袋、女性は白足袋ってどう決まった？

足袋の色は男女で違い、男性は黒足袋、女性は白足袋を履くのが慣例となっている。そうなったのは、もともと足袋を履く目的が違っていたからといえる。

昔、男性は、戦いや狩猟に出かけるとき、足を保護するために足袋を履いた。そのため、男性用の足袋は革でつくられ、江戸時代に木綿の足袋が登場したときも、革足袋に似せて黒く染められた。

一方、女性用の足袋は、足を冷えから守るとともに、足をきれいにみせることが目的。そこで、昔から足をほっそりと見せる白足袋が使われてきた。

「タロットカード」の「タロット」って何？

「タロットカード」は、78枚のカードで構成され、もっぱら占いに使われる。このカードは、インドや中国で使われていた絵柄と数字入りのカードが、十字軍によってヨーロッパに持ち帰られ、生まれたという説が有力だ。

タロット（tarot）という名は、「王の道」を意味する古代エジプト語のTaroshに由来するという説、ユダヤ教の律法書「トーラー」（toran）、ラテン語のrota（車輪）から派生したなど、さまざまな説がある。

冷蔵庫が「ウィーン」と音を立てているのは？

ホテルでは、たまに「冷蔵庫がうるさくて眠れない」という苦情が寄せられることがある。消音のためのスペースが十分に取れない場合や、消音効果の薄れた中古の冷蔵庫だと、たしかに耳触りな音が響くことがあるようだ。

あの「ウィーン」という音は、冷蔵庫が庫内を一生懸命冷やしているときの音である。

冷蔵庫の冷える原理は、基本的にエアコンと同じ。エアコンは、冷気をつくるコンプレッサーが室外に置かれているが、冷蔵庫はそれを内蔵し、庫内が設定温度まで上がると、コンプレッサーが稼働して冷気をつくり、庫内を冷やす仕組みになっている。

つまり、あの「ウィーン」という音は、コンプレッサーが稼働している音なのである。

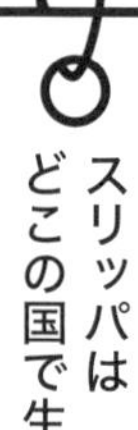

スリッパはどこの国で生まれた文化か？

住まいの洋風化にともない、いまや、多くの家でスリッパが使われているが、じつはこのスリッパ、日本生まれである。明治時代に、靴の仕立て職人だった徳野利三郎が考案したものだ。

当時、開国したばかりの日本には、多くの外国人がやってきたが、彼らが土足のまま部屋へ上がることに、旅館が悲鳴をあげた。

それを見た利三郎が、現在のスリッパの原型を考えだしたのだ。なお、その語源は、西洋でパンプスやミュールを指す「スリパー」である。

線路の砂利にドリルのようなものを打ち込む目的は？

鉄道の線路に保線員が下りて、ドリルのようなものを打ち込んでいることがある。それは、レールの安定をよくし、列車の騒音や振動をやわらげるための作業である。

レールの下には、厚さ25センチほどの

バラスト（砕石）が敷かれているが、列車の重みなどにより、偏りが生じ、レールの高さがズレることがある。

それを補正するため、保線員は「タイタンパー」と呼ばれる例のドリルのような機械で、バラストの高さなどを調整しているのだ。

宇宙空間でビールは飲める？

最近の宇宙食は、メニューの幅がぐんと広がっている。辛いものから甘いものまで、あらゆるものが宇宙食として用意されている。

しかし、ビールやコーラといった炭酸飲料が宇宙食になったという話は耳にしない。

宇宙空間で「ビールで乾杯」ということは、可能なのだろうか？

じつは、物に重さがない宇宙空間（無重力空間）では、炭酸の泡は壊れなくなる。地球上では、泡は自重を支えきれずにつぶれてしまうが、宇宙では泡は消えずに残り、宇宙船の中が泡だらけになってしまうのだ。だから、宇宙船ではビールを含めて炭酸飲料を飲むことは難しいとされてきたが、世界初の「宇宙用ビール」誕生にむけて様々な研究が進められている。

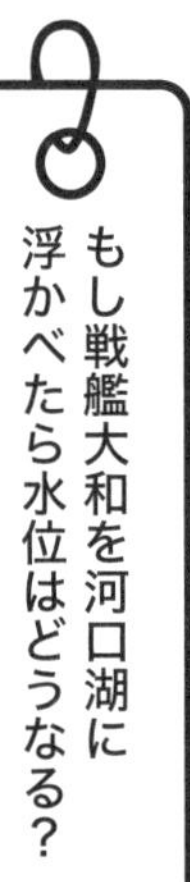

もし戦艦大和を河口湖に浮かべたら水位はどうなる？

帝国海軍が建造した史上最大の戦艦といえば、戦艦大和である。もし仮に、この戦艦大和を富士五湖の一つである河口湖に浮かべたら、水位はどのくらい上昇するのだろうか？

水位上昇を計算するには、戦艦大和の吃水線までの体積を河口湖の面積で割る必要がある。それを計算すると、答えは1・13センチとなる。河口湖は広さがあるため、水位上昇は意外と少ないのだ。

ただし、瞬間水位となると、話は別である。

正確な計算はできないものの、一気に7万トン近い戦艦が湖に入ると、相当高い波がたつことが予想される。かつて、大和型2号艦「武蔵」が長崎で進水したところ、海面が30センチ上昇したという記録が残っている。

この数字から判断しても、湖に大和が進水すると、それ以上の水位上昇が起きると考えられる。

帝国ホテルという名前は、どうやって決まった？

「帝国ホテル」は、明治時代、東京にも

外国の賓客を招いても恥ずかしくないホテルが必要だということで、当時の宮内省が筆頭株主となって建設がスタート、1890年に開業した。

「帝国ホテル」というネーミングには、当時の世相が反映されていたとみていいだろう。開業前年（1889）の2月11日、「大日本帝国憲法」が発布され、世間では「帝国」という言葉が大流行していた。

また、筆頭株主が宮内省だったうえ、外国からの賓客を招くホテルとして、なかば国策によって誕生したホテルであったことから、「帝国」の名を冠するにふさわしいと考えられたようである。

カーネル・サンダース人形は日本生まれの噂は本当？

日本の人気マスコットの一つにもなっているカーネル人形だが、ケンタッキー・フライドチキンがアメリカのフランチャイズということもあって、この人形もアメリカ生まれと思っている人が多いのではないだろうか。

現在は、アメリカはもちろん、ヨーロッパの店舗にも、この人形が設置されているが、じつは生まれは日本である。

ケンタッキー・フライドチキンが日本に進出したのは、1970年のことだが、当時、フライドチキンそのものが日本ではほとんど知られていなかった。そんなとき、カナダのモントリオールを訪ねた日本法人のアメリカ人幹部が、それ以前にキャンペーン用に作られ、倉庫に眠っていたカーネル人形を発見した。

それをもとにして、同じタイプの人形を量産、シンボルとして各店頭に設置した。人形は60歳の頃のカーネルの等身大像で、メガネは本物の老眼鏡である。

日本で最初に「お手拭き」をつけた店は?

お弁当に最初にお手拭きをつけたのは、シウマイで有名な横浜の崎陽軒。1955年（昭和30）、崎陽軒（きようけん）が駅弁にお手拭きを添えたのが、その始まりだ。

アルコールをひたした紙を袋につめた「簡易お手拭き」を考案した業者がいて、崎陽軒がそれを採用したのだった。

なお、このお手拭き、特許出願されたが、仕組みが簡単すぎることなどから、却下された。それで、どの業者も真似ができ、広く普及することになった。

カラオケの「消費カロリー」の計算方法は?

カラオケマシーンには、消費カロリー

を表示してくれる機械がある。あの数値は、一体どのように計算されているのだろうか？

消費カロリーは、声を出している時間と声量を基礎にして算出されている。だから、いくら曲が長かったとしても、間奏が多ければ、カロリー消費は控えめになる。

また、マイクと口を離して歌うと、機械は声が小さいと感じることになるので、カロリー消費が少なくなる原因になってしまう。

マイクを口に近づけて、腹の底から声を出すのが、カロリー消費の数字を大きくするコツといえそうだ。

どうして「鈴木さん」は東日本に集中している？

現在、日本に約30万種類あるといわれる名字のうち、佐藤さんと鈴木さんがそれぞれ200万件近くでトップ争いをしている。

地域別にみると、「佐藤」は北海道・東北に多く、「鈴木」は関東・中部に多い。

そのうち、鈴木姓は、和歌山県の熊野神社の神事に由来する。熊野神社には、豊作を祈る儀式のさい、稲穂を積み重ねた上に「ススキ」と呼ばれる棒を立てるしきたりがある。その「ススキ」にちなんで、まず神官が「鈴木姓」を名乗るようになった。

その後、熊野神社の関係者が、熊野から太平洋を経由して中部や関東で布教活動を行い、熊野信仰を広めた。さらに、名字を許されていた武家の信者に対して、鈴木姓を与えたり、名乗ることを許したことで、東日本に鈴木姓が広まったのである。

アメリカで一番多い名字といえば？

前項で述べたように、日本の名字は約30万種類あるといわれるが、移民の国アメリカでは、じつに150万種類以上の名前があるとみられている。

数が多い名字のトップは「スミス」。「スミス」はイギリスでも最も多い名字で、「鍛冶屋」に由来する。

中世ヨーロッパでは、鍛冶屋は剣や盾を持って戦いに関係していたうえ、農業、林業、狩猟にも欠かせない仕事であったため、どの町にも何軒かの鍛冶屋が存在していた。

そんな仕事に就いていた人の多くが、鍛冶屋を意味する「スミス」をそのまま名字にした。

また、ドイツ語では、鍛冶屋は「シュ

ミット」で、これはドイツで2番目に多い名字。

イギリスやドイツから移住したスミスやシュミットが、アメリカで「スミス」と名乗ったので、アメリカでもスミス姓が増えることになったのだ。

丸刈りは、いつから反省の印になった？

一般人でも、反省の意味で頭を丸めることがあるが、丸刈りが「反省」と結びついたのは、ほんの40年ほど前、1970年代以降のことである。

もちろん、丸刈りという〝髪形〟は昔からあった。明治維新以降、髷（まげ）が禁止されると、丸刈りは男子の髪型の一つとして定着。そして、太平洋戦争前後から、男性は丸刈りが強制され、戦後も1950年代までは男性には丸刈り頭の人が多かった。

その後、高度成長期に入り、男性は七三分けが普通になり、また1960年代後半から長髪が流行すると、大人の丸刈りは受刑者や僧侶など、特別な人たちの髪型となっていった。

そういうなか、仏教で頭を丸めることの影響もあって、丸刈りにすることで反省の気持ちを表すという意味が生じるようになったと考えられている。

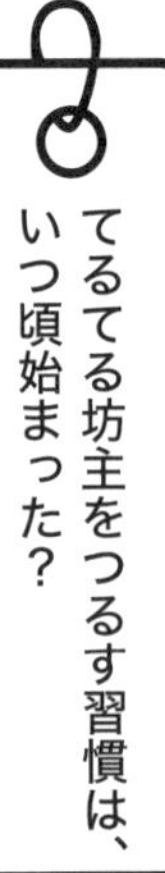

てるてる坊主をつるす習慣は、いつ頃始まった？

運動会や遠足のシーズンになると、幼稚園の軒先に、てるてる坊主がいくつもぶら下がる。幼稚園児が一生懸命に作ったかと思うと、微笑ましい気持ちにさせられるが、このてるてる坊主、平安時代に中国から伝わってきたとみられている。

中国では、紙で作った「掃晴娘（サオチンニャン）」というホウキを持った女の子の人形をつるし、晴天を祈った。ホウキには福を引き寄せる力があるとされ、また女性は男性より霊力が強いと考えられていたからだ。この「掃晴娘」が、平安時代、まじないや呪術の一つとして日本へ伝わった。

ところが、日本では女の子ではなく、坊主の人形となって広まった。これは、当時の日本では、修験者や修行僧が雨乞いなどの天気に関する儀式をつかさどっていたことによるとみられる。

トランプの四つのマークが表しているのは？

ハート、スペードなどのトランプの四つのマークは、それぞれ職業を表している。

まず、ハートは聖杯の形のシンボルで

あり、僧侶を表す。クラブはこん棒で、それを使って仕事をする農民を意味し、ダイヤは紙幣の象徴であり、商人を表現している。そして、スペードは剣を意味し、軍人を表している。

モーニングサービスの生みの親は？

いまや、全国の喫茶店やカフェばかりではなく、牛丼チェーン店やファミリーレストランでも「モーニングサービス」がメニューに加えられている。このサービスを始めたのは、いまも広島市で営業する喫茶店「ルーエぶらじる」。195

6年（昭和31）のことだった。

当時の店主が無類の新しいモノ好きだったこともあり、周囲は木造建築ばかりなのに、店舗を鉄筋2階建てに改装したり、テレビや業務用のクーラーもいち早く取り入れたりしたという。

この店主がもう一つ始めたのが、「モーニングサービス」と命名した朝7時半から3時間限定のセットメニューだった。60円でコーヒーを頼むと、目玉焼きをのせたトーストが付いてきた。

当時は、コーヒー自体がぜいたく品であったうえ、パン食、目玉焼きともに珍しく、「庶民の夢の3点セット」として、このメニューが大評判を呼ぶ。60年代には開店前から300人もの人が行列をつくるほどの人気を集め、他店がどんどん真似るようになって、モーニングサービスは全国に広まることになった。

防護服を着ることで、どのくらい放射線を防げる？

福島第一原発の事故現場には、今も放射線濃度が高いエリアがある。そんなエリアで働くとき、作業員は「防護服」と呼ばれる白い服を着用している。

ただ、そのタイプの防護服は、じつはほとんどの放射線を通してしまう。それでも、作業員が着用しているのは、放射性物質のついたチリが体についたりして被曝するのを防ぐためである。

その一方、放射線を遮断する機能を備えた「防護服」もある。鉛やタングステンなどの金属を入れたものだが、強力な放射線を遮断しようとすると、中に入れる金属を厚くする必要があり、防護服自体がひじょうに重くなる。すべての放射線をシャットアウトしようと思えば、総重量は100キロ以上にもなる。

普通のクルマより、戦車を運転するほうが難しい？

第二次世界大戦直後までの戦車は、ブ

ルドーザーのように2本のレバーで操縦していた。

左右のレバーが、それぞれのキャタピラとつながり、レバーを押すとキャタピラが回り、引くとキャタピラが止まる。コーナーを曲がりたいときは、片方のキャタピラを止めて、片方だけを動かすことで車体を回転させた。

ところが、戦後の第二世代戦車からは、ほとんどの戦車に、自動車のようなハンドルがつけられた。

変速ギアも、自動車でいうオートマチック車のようになっている。

ただし、コーナーの曲がり方は難しい。基本的にはハンドルを回せば曲がれるのだが、キャタピラの抵抗があるため、車体が前後に激しく揺れる。

安全なコーナリングは訓練を積まないと難しいし、ましてや戦場で自在に戦車を操るためには、相当な訓練を積む必要がある。

世界第1号店のコンビニでは何が売られていた？

コンビニエンスストアの世界第1号は、アメリカ・テキサス州のダラスのセブン-イレブンの第1号店。開店したのは、1927年のことである。

この年、ダラスに「サウスアンド・カ

ンパニー」という氷販売のチェーン店がオープンした。

当時は電気冷蔵庫がまだ普及していない時代であり、氷は食品保存に欠かせないアイテムだった。そこで、同店の販売責任者だったジョン・ジェファーソン・グリーンは、氷がよく売れる夏場は無休とし、しかも朝7時から深夜の11時まで、16時間も営業した。これが便利だとお客から歓迎されて、同社は店舗数を増やしていく。

やがて、品ぞろえを増やしてほしいという声が集まり、ミルクや卵などを置くようになる。

しだいに品ぞろえを増やしていった氷店は、その営業時間から店名を「セブン－イレブン」に変更、世界中に広まる巨大チェーン店の第一歩を踏み出したのだった。

修正液が発明された意外なきっかけとは？

修正液を発明したのは、タイプで打ち間違いをすることの多い女性秘書だった。

1950年頃、アメリカのテキサス・バンク・トラスト社で、秘書をしていたベティ・ネスミスは、タイプの打ち間違いが多いことに悩んでいた。当時は一字打ち間違っただけで、最初からやり直す必要があり、打ち間違いの多い彼女は、なかなか仕事がはかどらなかったのである。

そんなある日、もとは画家志望だった彼女は、ふとひらめく。絵を描くさい、消したいところが出てくると、重ね塗りすることから、間違えた文字の上に白の絵の具を塗ってみた。以後、打ち間違えるたびに、彼女が絵の具で修正していると、やがてそれを真似る人が増えはじめた。

1956年、会社を辞めた彼女は、ミステイクアウト社を設立。修正液「リキッドペーパー」を売り出したところ、大ヒット商品となり、たちまち世界中で修正液が使われるようになった。

最近の黒板がわざと曲げられているのは?

今どきの学校の黒板はわざと「湾曲」させてある。横から見ると、両端に比べて、中央部がわずかにへこんでいるのだ。

平面の黒板の場合、見る位置によっては窓からの光が反射して、文字が見えづらいことがある。そこで、湾曲させることで、どの位置からも見えやすいように改良されたのである。

また、教室の端に座る生徒にとっては、湾曲している方が黒板の端までよく見えるというメリットもある。

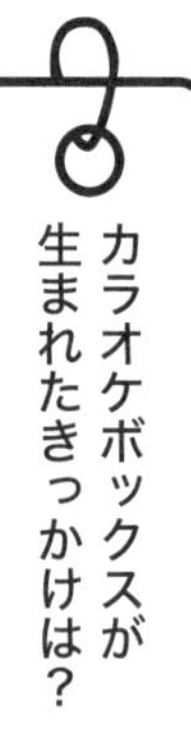

カラオケボックスが生まれたきっかけは？

カラオケ発祥の地は神戸のスナックだが、そのカラオケが若者にまで広まったのは、1985年にカラオケボックスが登場してからのことである。

スナックやクラブでは、他のお客の前で歌わなければならないが、カラオケボックスなら仲間内だけで楽しむことができる。それが、若い世代を中心にウケたのだ。

そのカラオケボックス発祥の地は岡山市である。1985年、カラオケ喫茶を経営していた主婦が交通事故で入院する。困った夫は、トラック用のコンテナの中にカラオケ機を置いた。そして、セルフサービスで自由に歌ってもらうようにしたところ、これが若者や主婦、シルバー層など、お酒を飲まない人たちに大ウケした。それをきっかけに、個室型のカラオケボックスが、アッという間に全国に広がることになったのだった。

女性でも戦闘機のパイロットになれる？

現在のジェット戦闘機は、ますます機

動性が高まっている分、その操縦は体力的にも難しいものになっている。といえば、やはり戦闘機のパイロットは男性の仕事だと思う人は少なくないだろう。

ところが、世界の空軍を見ると、女性パイロットの数が着実に増えてきている。現在、アメリカ軍、イギリス軍、フランス軍、ロシア軍、中国軍、韓国軍、そして日本の航空自衛隊にも女性パイロットが存在する。

戦闘機はどうやって売り買いされている？

東西冷戦時代、東側陣営は旧ソ連から、西側の国々はアメリカかフランスから、戦闘機を購入していた。また、アフリカの国々では、旧宗主国のフランスやイギリスから戦闘機を買うケースが多かった。戦闘機は、科学技術の粋を集めた超ハイテク兵器であり、機密保持の観点から同盟国内で売買されていたのだ。

現在では、戦闘機は、製造可能な国の中から、予算や性能、用途に合った戦闘機を探して購入するというのが、国際的な常識になっている。また、予算をかけられない国は、旧型や中古の戦闘機を格安で購入する場合もある。

とはいえ、いまも重視されるのは、二国間の外交関係である。

輸出国には、相手国によっては、同じ機種でもわざと性能を落としたり、自国で使用するものとは違う輸出専用タイプを売ることもある。

戦闘機と旅客機が、1万キロを競争するとどっちが速い？

日本からヨーロッパまで、旅客機と戦闘機が競争すると、どちらが早く着くだろうか？

成田空港からロンドン・ヒースロー空港までとすると、その距離は約1万キロ。まず、最大速度マッハ0・85程度で飛ぶ旅客機だと、約10時間かかる。一方、ジェット戦闘機の最大速度はマッハ2以上。そのスピード差を考えれば、成田からロンドンまで競争すれば、戦闘機が圧倒的に早く着くように思える。ところが、じっさいに飛んでみると、到着時間はほとんど変わらないという。

戦闘機の最大速度がマッハ2以上といっても、その速度で飛べるのは、じつは10分間前後。それ以上の時間を飛べばエンジンが壊れるか、すぐに燃料がなくなってしまう。また、戦闘機に搭載できる燃料の量は限られているので、途中で着陸して給油するか、空中給油しながら飛ぶ必要がある。

そんなことにも時間をとられるので、

ロンドン着は旅客機と変わらなくなってしまうのである。

昔のパイロットが首にマフラーを巻いていたのは?

昔の戦闘機乗りは、首にマフラーを巻いていたが、それにはおしゃれという以上に実用的な目的があった。

マフラーを巻いた目的の一つは風よけのためである。

戦闘機が初めて登場した第一次世界大戦当時、戦闘機に風防ガラスは取り付けられていなかった。そこで、戦闘機乗りたちは風で体を冷やすのを防ぐため、マフラーを巻きはじめたのだ。

第二次世界大戦時代になると、マフラーの防寒対策の意味合いがさらに高まる。たとえば、高度2千メートルでの戦闘となると、地上よりも10数度は気温が低い状態での戦いとなるからだ。

また、日本の海軍パイロットの場合、不時着時のサメ対策という意味もあった。当時の下着であるふんどしにマフラーを結びつけると、大きな魚に見えなくもない。

サメは、自分より大きな魚を襲わないという言い伝えがあったので、マフラーを活用すれば、万が一、墜落し漂流した場合にもサメに襲われにくいと考えられたのだ。

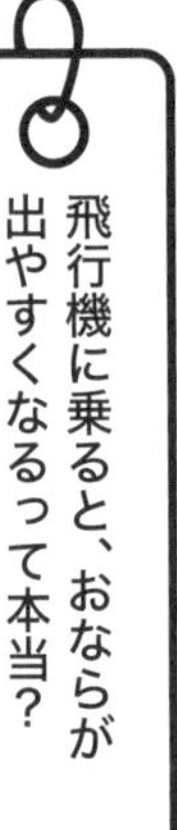

飛行機に乗ると、おならが出やすくなるって本当？

旅客機は、エベレストの頂上以上の高度を飛んでいる。むろん、機外の気圧は、地上よりもはるかに低い。旅客機内部では、機外よりも気圧を高く保ってはいるものの、それでも地上の80％程度だ。

すると、おならが、地上よりも、3倍も出やすくなる。気圧が低いと、腸内のガスがふくらみやすくなり、おさえがきかず、体外に出やすくなるのだ。

そのため、機内食には、おならの原因になりやすいイモ類は、まず使われていない。

「冬は、自転車のスピードが出なくなる」って本当？

自転車は、冬場、スピードが出にくくなることに、お気づきだろうか？

その原因は、自転車と人間（乗り手）の双方にある。まず、自転車側の理由は、冬場、気温が下がると、タイヤの表面が硬くなること。すると、タイヤと道路面の摩擦抵抗が大きくなって、タイヤの回転速度が上がりにくくなる。そのため、ペダルをこいでも、微妙にスピードが出ないということになるのだ。

一方、乗り手側の理由は、冬場は厚着をして着膨れること。その分、体の体積が増え、空気抵抗が大きくなる。すると、前方から受ける風圧でなかなかスピードが出なくなるというわけだ。

潜水調査船にトイレがないのはどうして？

潜水調査船「しんかい6500」は、水深6500メートルの深海まで潜ることができ、海底の地形、地球の活動、深海生物などの研究に利用されている。

調査のたびに、研究者とパイロット2名の計3名が乗り込むが、船内は直径わずか2メートルとひじょうに狭い。それは、親指大に大人20人分の体重がかかるという深海の水圧に耐えるためだが、観覧車のゴンドラに大人3人が詰め込まれているようなものなので、船内にトイレを作る余裕はとてもない。

では、乗員は、トイレをどうしているか？　まず「小」の場合は、ダンボール製のおまるとゼリー状のパックを使用している。一方、「大」の方はもよおす人がいないという。

というのも、研究地点までは母船「よこすか」で行き、そこから潜水調査船で深海へと潜るのだが、1日の活動時間は約7時間で、いってみれば、研究室にずっと入っているようなもの。事前に「大」をすませておけば、それでOKというわけ。現実には、水分も控えるため、「小」をもよおす人もほとんどいないらしい。

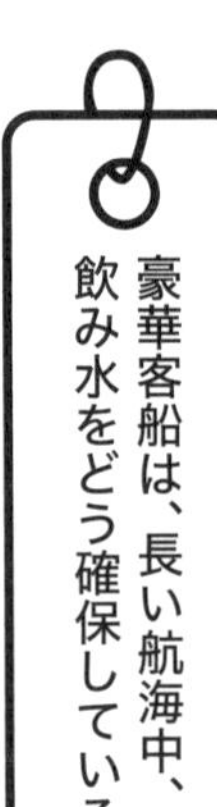

豪華客船は、長い航海中、飲み水をどう確保している？

豪華客船で消費される水は、1日当たり約200〜300トン。積み込めるのは2000トンほどなので、8〜10日前後で使い果たしてしまうことになる。

では、長い航海中、豪華客船は飲み水をどうやって確保しているかといえば、昔は寄港地で補給していた。

もっとも、いまどきの豪華客船は、海水から真水を造る「造水機」を備えている。1日当たり400トンの真水を造ることができ、風呂やシャワー、トイレ、洗濯などに使用しているのだ。

ただ、造水機で造った水は、味が落ちるため、飲み水や料理用には、寄港地で積み込む水が使われている。

フライト中の客室乗務員は何を食べている？

客室乗務員は、長距離便ではフライト中、乗客と同じ機内食を食べている。それも、エコノミーよりもグレードが高いビジネスクラス用の機内食を食べていることが多いようだ。

その理由は、ビジネスクラス用のほうが食事が余りやすいから。というのも、ビジネスクラスのメニューには、おおむね3種類のコースが用意されており、希望がかたよるケースを想定して、乗客数以上の量が準備されているからだ。

機内食をどうやって温めているのか？

ジャンボジェットなどの旅客機内では、機内食用に大量の食事を用意し、温めなければならない。

ところが、機内ではスペース的にも時間的にも制約があるため、一食分ずつ温めるというわけにはいかない。

そこで考え出されたのが、カート自体をオーブンにして、大量の食事を一度に温めるという方法。

大量の調理済み食品が、出発地でカートごと運び込まれ、料理はカート内で温められ、キャビン・アテンダントの手によってそのまま運ばれている。

客室乗務員の腕時計に秒針が欠かせないのは？

客室乗務員は乗務のさい、かならず腕

時計をしている。乗客に時間を尋ねられることもあるし、保安のためでもある。

たとえば、機体に異常が生じたときには、あと何分で酸素供給が止まってしまう、といった事態に陥る恐れもあるため、正確な時間を知る必要があるのだ。また、フライト中、具合が悪くなった乗客の脈拍をはからなければならないときもある。だから、客室乗務員は「秒針つき」の腕時計をはめているというわけだ。

「船を脱出するとき、船長は最後に脱出する」って本当？

海難事故の3大要因は衝突、座礁、機関故障。統計によれば、この3つで、海難事故の約80％を占めている。それらのような重大事故が起これば、当然ながら、船長の任務は重大である。

そのさい、船長には乗客・乗員の安全を確保し、船と積み荷の被害を最小限に食い止めるため、全力を尽くすことが求められる。また、船自体が危なくなったと判断すれば、船長は、乗客・乗員を救命ボートなどで脱出させ、「ＳＯＳ」を発して救助を求める。

だからといって、船が沈没するとき、船長は最後の最後まで船にとどまらなければならないかといえば、そうではない。たしかに、１９７０年（昭和45）までは、船長には「最後撤退義務」が課せられていた。だが、現在では、船長であっても、必ずしも最後まで残る必要はない。

新幹線の発車時刻にまつわる「15秒ルール」とは？

新幹線の出発時刻は「9時20分発」となっていても、必ずしも20分ジャストに発車するという意味ではない。

じつは、新幹線の出発時刻は、15秒刻みで設定されている。時刻表に「9時20分発」と記載されていても、じっさいには「9時20分15秒」や「9時20分30秒」ということがあるのだ。それが、時刻表や駅に表示される場合には、秒以下を切り捨て、分単位で記されているというわけ。

「出発進行」と叫んでも、電車がすぐに発車しないのは？

電車の運転手や車掌は、駅を出発するとき、前方を指差しながら「出発進行」と叫ぶ。その後、電車は発車していくため、「出発進行」とは「電車が出発し、進行します」という意味だと思っている人もいるだろう。

しかし、じつはそうではなく、「出発進行」とは「出発信号が進行を示している」という具体的意味を伴う言葉である。

電車の運行では、小さなミスでも大惨事につながりかねないため、乗務員は、信号や標識の確認をより確実に行うため、信号や指示を指差しながら声に出すことになっている。

これを「指差喚呼（しさかんこ）」といい、運転手の「出発進行」という声は、出発信号が進行（青）であることを確認しているのである。

「出発進行」は、出発信号が青になった時点で発声されるため、出発予定時刻まで間があれば、運転手が「出発進行」と叫んでも、すぐに電車が発車しないこともある。

消防車も車検を受ける必要があるのか？

車を購入すると、定期的に「車検」を受ける必要がある。車検を受けて安全と認められてはじめて、公道を走ることを許される。消防車も車である以上、一般車と同じように「車検」を受けなければならない。

消防車が車検を受ける場所は、近くのディーラーや民間の整備工場などで、それは普通の乗用車と変わらない。たいてい朝一番で移送し、その日の夕方には戻ってくる。その間は、近隣の消防署に車検期日を連絡し、もし火事が発生すれば、近隣の消防署から駆けつけてもらうように手配しておく。

もっとも消防車の場合、いざというとき動かなかったでは済まされないので、ふだんから、消防署の担当者によって、しっかり整備されている。彼らは、メンテナンスのための技術教育を受けており、よほどのトラブルでなければ、自分たちで修理、調整してしまう。

ただし、ハシゴやポンプなど消防機能に関わる部分は、仕組みが複雑で、担当者にも修理できないことがある。そのため、ハシゴやポンプなどのトラブルは、メーカーで修理してもらうことが多い。

宇宙ステーションのトイレ事情は？

国際宇宙ステーションは、上空400キロの軌道を時速2万8000キロで周回している。約1時間半かけて地球を一周するペースで、宇宙や地球に関するさまざまな研究、実験を行っている。

その宇宙ステーションには、2か所のトイレが設置されている。その利用法は、まず「大」の場合は、宇宙飛行士が便座に座って排泄すると、特殊な袋で受け止める。それを1回ずつつぶして、専用タンクにためていく。「小」のときは、漏斗状の受け口がついたホースに排泄する。

たまった尿はポンプで液体と気体に分けられる。気体は〝フレッシュエアー〟として乗務員のいる室内へ戻され、液体だけタンクにためられる。そして、タンクにたまった汚物は、3〜4ヶ月ごとに食料や水を運んでくる無人輸送船に他の廃棄物と一緒に積み込み、大気圏に突入させて焼却処分している。

「政府専用機」の中は一体どうなっているのか?

首相などが乗る政府専用機は、ふだん自衛隊の千歳基地に駐機している。首相などが外遊するときには、千歳を発って、まず羽田空港に向かい、首相などはそこで乗り込むことになる。

政府専用機は、外見は普通の旅客機だが、機内の様子は民間機とはまったく違う。

機体の前方一階には貴賓室、婦人室、シャワールーム、秘書官室などが設けられ、中央部には会議室、さらに後方に向かって事務室、随行員室と続き、最後方が同行する新聞記者などが座る客席となっている。

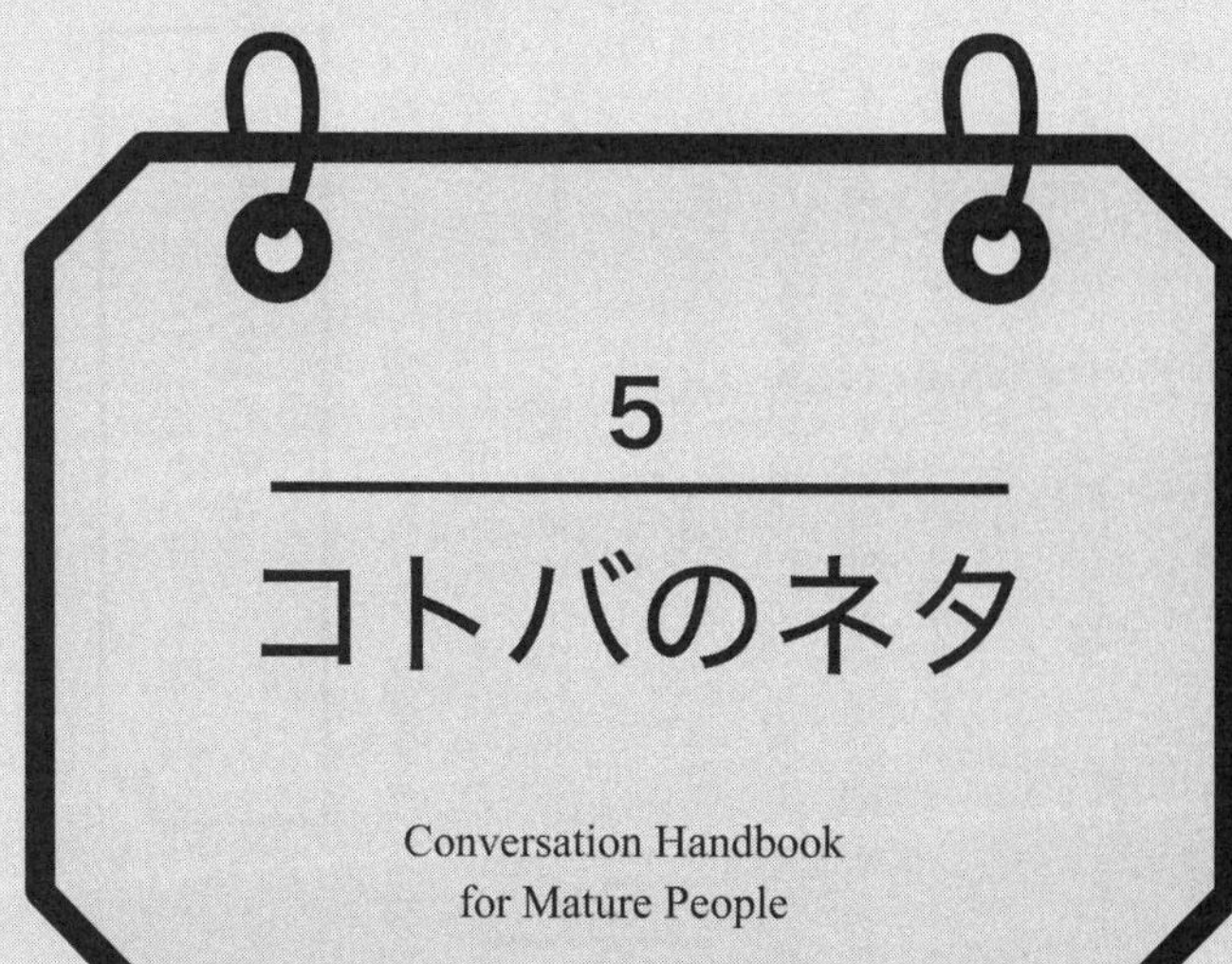

5

コトバのネタ

Conversation Handbook
for Mature People

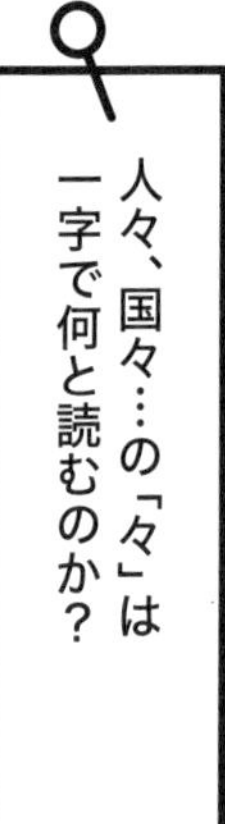

人々、国々…の「々」は一字で何と読むのか?

「人々」「国々」のように、同じ漢字を繰り返すときに用いる「々」。では、この「々」自体は何と読めばいいのだろうか?

この「々」は漢字ではなく、「おどり字」と呼ばれる記号。そのため、正式の読み方は存在しないが、一般的には次の二つのいずれかで読まれることが多い。

・どう――「々」は、仝（=同）という字が変化したものだから。

・ノマ――カタカナの「ノ」と「マ」を組み合わせたように見えるところから。

なお、パソコンなどでは、「どう」あるいは「のま」「おなじ」と打ち込めば、変換候補の中にあるはずだ。

なぜ「パンツ一丁」というの?

パンツ一枚のことを「パンツ一丁」というが、この言葉はもともと「ふんどし一丁」に由来している。

では、「ふんどし一丁」という言い方は、何に由来するのだろうか。

まずは「一丁」という語感と響きが、

ふんどし一枚のいなせな姿にピッタリなことから、一般に広がったと考えられている。また、ふんどしを締めた後ろ姿を見ると、ふんどしが「丁」の字の形に見えることからも、そう呼ばれるようになったという。

なお、ふんどし自体は、パンツと同じで一枚、二枚と数える。

なぜイカの数え方は、1パイ、2ハイ?

イカは1パイ、2ハイと数え、その「ハイ」は漢字では「杯」と書く。その理由は、イカの脚と内臓を抜くと、「杯(さかずき)」のようになるところから。

内臓を抜いた残りの胴体が袋状になり、酒を飲む杯のようになるため、「一杯」「二杯」と数えるようになったとみられる。

「暖簾(のれん)」に「暖」という漢字が使われているのは?

赤ちょうちんの居酒屋や、商店の店先に掲げられているのれんは、漢字で「暖簾」と書く。

なぜ、ペラッとした薄い布に「暖」の字が使われているのだろう? 不思議に思えるが、これには次のような理由がある。

のれんは本来、禅宗の寺で使われてい

た道具のひとつで、寒い冬には冷気を遮断するため、入り口全体を覆うようにかける布を指していた。つまり、本来ののれんは、文字どおり〝暖かさをもたらす〟アイテムだったのである。

　禅宗で使われていたのれんが、時代とともに変化して、家や店の〝仕切り〟として用いられるようになった。屋号を入れ、宣伝を兼ねたのれんが登場したのは、江戸時代のことだった。

「鳥」から「一」を取ると、なぜ「烏」になる?

「鳥」という漢字は、鳥の姿をもとにして生まれてきた象形文字である。古代からあるため、そこから派生した漢字が数多くある。

　形がよく似た「島」もその一つ。渡り鳥が移動中、海中の岩山で休むところから、「島」となった。なお、「嶋」や「嶌」は日本独自の和製漢字で、中国では使われていない。

　「烏（からす）」も「鳥」から派生した漢字だが、なぜ「鳥」から一本線を抜くと、カラスになるのだろうか?

　もともと、「鳥」の「一」の部分は、絵文字では瞳を表していた。ところが、カラスは顔まで黒いので、瞳のありかがはっきりわからない。そこで、瞳に当たる「一」の部分を抜いて、カラスを表すことになった。

「初老」と言ってもいいのは何歳から？

辞書的にいえば、「初老」とは40歳のことである。

日本には「還暦」や「古希」「米寿」など、長寿を祝う習慣が古くからあるが、奈良時代には、男性の大厄である満40歳（数え年の42歳）で「初老の賀」を祝ったため、40歳を「初老」と呼んだのである。『広辞苑』をはじめ、現在の辞書にも「40歳の異称」などと記されている。

現在でも、40歳は、男女を問わず、老化を意識し始める年齢ではある。「徹夜がつらくなった」「目が見えにくくなった」「髪が薄くなった」「肌のツヤが衰えた」「シワが増えた」というような老化の症状が現れてくるからである。

その一方、今は70歳を超えてもバリバリ働いている人が多い時代。そのため、「初老」のイメージも、60歳くらいを思い浮かべる人が増えているようである。

「ややこしい」ってどんな状態のこと？

「ややこしい話だなァ」「手続きがやや

こしい」などという、ややこしいという言葉。わずらわしい、複雑であるといった意味に使うが、この言葉は、生まれたばかりの赤ん坊、つまり〝ややこ〟を育てるには手がかかることに由来している。

この言葉、現在ではほぼ全国で意味が通じるが、もとは京都の人々が使っていた「京ことば」だったというわけだ。

チョンマゲの「チョン」は何を意味する？

時代劇でよく見かける「チョンマゲ」。額をそりあげ、後頭部で結い上げた髪型のことだが、このチョンマゲの「チョン」とは、何を意味する言葉なのだろうか？

答えは、繰り返し記号の「〵」。チョンマゲの形が「〵」に似ているところから、この名前で呼ばれるようになった。

「急須」はどこがどう「急」なのか？

お茶を飲むときに使う急須には、なぜ「急ぐ」という漢字が入っているのだろうか？　急いでいるときに、お茶をいれて飲む人はいないはずだが……。

その理由は、急須は中国語では、煎茶器を指す言葉ではなかったから。中国の急須は、酒の燗をするために使った小さな鍋のこと。急須の「須」は「用いる」という意味で、もともとの急須は「(酒を温めるために)急場しのぎに用いるもの」という意味なのだ。

急須は、お茶ではなく、酒を温めるためのとりあえずの道具だったのである。

「ご飯」のことをシャリというようになったのは？

ご飯のことを「シャリ」と呼ぶが、この「シャリ」はもともと仏教用語。仏教では、釈迦の骨を「舎利」、または「仏舎利」というのだ。

そして、土にかえった「舎利」は、イネ、ムギ、アワ、キビなどになって、人々を助けると説かれる。

つまり、お米は「舎利」の化身であり、ひじょうに尊いものと考えられてきた。そこから、日本では、主食の米を「シャリ」と呼ぶようになった。

どうして「点心」に「点」と「心」の漢字を使う？

餃子やシュウマイ、小龍包（ショーロンポウ）などは「点心」と総称される。この「点心」という言葉は、禅の言葉「空心の間に点ず」に由来する。

禅の修行は厳しく、修行僧たちは簡素

な食事をとることになる。「空心の間に点ず」の「点」は「少し」という意味で、一方、「心」は「身体」という意味を含む。つまり、わずかな食べ物で空腹を満たすのが「点心」なのだ。

「どっこいしょ」ってどこからきた言葉？

急に立ち上がったり、重い荷物を持つとき、つい「どっこいしょ」とかけ声を口にしてしまうことがある。

この「どっこいしょ」という言葉、語源は何だろうか？

研究者によると、「どっこいしょ」というかけ声のルーツは、江戸時代に全国各地で行われた村相撲にあるという。

観客は、力士の取り組みを見て、次はどんな手が出るのか、わくわくしながら「どこへ、どこへ」とかけた声が、やがて「どっこい、どっこい、どっこいしょ」へと変化したという。

なお、「よいしょ」も同様に、「良い、良い」というかけ声から発展した言葉とみられる。

富山弁で「おちんちんかく」の意味は？

富山県に出かけたとき、「おちんちん

かく」といわれても、あわてたりしないように。むろん、「股をかく」必要もない。

この方言の意味は、「おとなしく正座する」。「鎮座」が変化した言葉で、たとえば大人が子供に「おちんちんかかんと、こっち、ひろがらっしゃい」といえば、「正座をしていないで、こちらにきて楽にしなさい」という意味。今は「ちんとしてなさい」という形でよく使われている。

なお、富山弁は、意外あるいは愉快な言葉が多いことで有名で、たとえば「気の毒な」といえば「ありがとう」という意味。「こんなにしてくれて、(気の毒になるほど)ありがとう」という意味を含んでいる。

「ちくる」の語源は?

「密告する」ことを俗に「ちくる」というが、この「ちくる」という言葉は、どこから来たのだろうか?

この言葉は、「倒語(とうご)」の一種。「倒語」は、言葉をひっくりかえすことによってつくられた造語を指し、芸能界や裏社会でよく使われてきた。たとえば、銀座をザギン、ジャズをズージャと呼ぶのは、その一例である。

では、「ちくる」は何を逆さまにした言葉かというと、「口」。「ちくる」は、「口」を逆さまにした「ちく」を動詞化した言葉なのだ。むろん、「ちくる」には、口を動かすことが必要というところからの造語である。

「豚に真珠」の意外な出典は？

「豚に真珠」といえば、「猫に小判」「馬の耳に念仏」と同様に、貴重なものも価値のわからない者には無意味という意味のことわざ。日本で生まれたか、中国故事に由来する言葉のように思えるが、じつは出典は『新約聖書』の「マタイによる福音書」。

同書の「聖なるものを犬にやるな。また、真珠を豚に投げてやるな。恐らく彼らはそれらを足で踏みつけ、向き直ってあなたがたに噛みついてくるであろう」という一節が、この、いささか下世話に聞こえることわざのルーツだ。

仮名は46文字しかないのにどうして「五十音」？

五十音は、日本語の基本的な音節を、ア行から順番に並べたもの。しかし、数えてみると、ひらがなもカタカナも、仮名は46文字しかない。

それなのに、なぜ五十音というのだろうか？

それは、江戸時代に作られた「五十音図」が、5段×10行でできており、全部で50の枡目があったから。

以来、仮名全体を「五十音」と総称するようになり、現在まで使われているというわけ。

すっごく好きなことを「ぞっこん」というのは？

異性に夢中になることを、「ぞっこん」と表現する。「彼は彼女にぞっこんだ」などと使うが、その語源はいったい何なのだろうか？

有力なのは、心の底からという意味の「そっこん（底根）」が変化したという説。江戸初期の文献には、心の底からという意味で「そっこん」と記されているものがある。

ほかには、土の中で木が根を張る様子にたとえた「じっこん（種根）」という言葉が、いつしか「ぞっこん」になったという説もある。

いずれにしても、もとは異性に夢中になるという意味にかぎらず、「心底」「心から」という意味で使われていたようだ。

「消耗」の本来の読み方を知っている？

日本語がいつも正しく読まれていると は限らない。

ときには、間違った読み方が広がり、そちらの読み方が一般的になって、定着することもある。いわゆる「慣用読み」である。

たとえば、現在「ショウモウ」と読まれている「消耗」もその一つ。本来は「ショウコウ」と読むのだが、正しい読み方は廃れ、本来は誤読であった「ショウモウ」が一般化している。「消耗品」にしても、本来は「ショウコウヒン」と読むのが正しかったのだ。

同じ理由で、誤読が生き残った例に「独壇場」がある。現在は「ドクダンジョウ」と読まれているが、本来は「独擅場」と書き、「ドクセンジョウ」と読む。

どうして「春」がエッチな意味で使われる？

「売春」「買春」「春画」など、「春」という漢字は、性的な意味にも用いられる。なぜ、四季のなかでも、とくに「春」が使われるのだろうか？

古代中国以来の陰陽五行説では、相反

する二つの気「陰」と「陽」が、万物を形作ると考えられてきた。季節の変化や男女の仲も、「陰」と「陽」で説明できるとしていたのである。

その考えによると、春は「陽」の気が盛んになる季節で、普段は「陰」である女性も、春には「陽」の気を感じて、「陽」の男を思うのだという。このような考え方から、いつしか「春」は性的なイメージを含むようになったのだ。

実は「ぶどう」はギリシア語って本当？

ギリシア語では、ぶどうのことを「ボトルス」という。その言葉が、アレクサンドル大王の侵攻に伴って東に伝わり、中国にも伝わった。

ただ、中国人にはギリシア語の発音が正しく聞きとれなかったのだろう。中国では「ボトルス」が「プータォ」に変化した。その聞き違った音に中国人は漢字を当てはめ、「葡萄」と表記した。

私たち日本人は、その「葡萄」を「ぶどう」と読んでいるわけだ。

「サイトウ」姓にいろいろな書き方があるのは？

「あのサイトウさんは斉藤だっけ、それ

とも斎藤だっけ、いや、齊藤だったかもしれないな……」などと悩んだことのある人は多いだろう。全国的にもポピュラーな姓の「サイトウ」さんだが、漢字の書き方はさまざまだ。

漢字の研究家によると、「サイトウ」の「サイ」の字のオリジナルは「齋」。そこから「齊」という字が生まれ、長くこの二つが使われていたという。

ところが、新字体が登場するなかで、「齋」から「斎」が生まれ、「齊」から「斉」が生まれて、どんどん種類が増えてきた。

なお、一般のワープロで出てくるサイの字は、おおむね「齋」「齊」「斎」「斉」の四つだが、齋の変形バージョン、簡略バージョンは他にもいろいろある。細かい違いを含めれば、何種類あるか数え切れないほどだとか。

「苦手」って、どんな手のこと?

「数学は苦手でね」「あの人はちょっと苦手なんだよね」など、勝ち目のない相手や、いやな相手のことをさす「苦手」という言葉。もともとは、どんな「手」のことを言ったのだろうか?

後漢時代の医学書に登場する「苦手」は、超能力者の手のこと。触れるだけで傷が治ったり、腹痛が治まる不思議な手が、本来の「苦手」だったのである。「にがて」と読むように、この「苦」の意味は、「くるしい」ではなく、「にがい」。

超能力者の爪はにがく、その手で触ると傷が治ったことから、「苦手」と呼ばれるようになったとか。

「奇蹟」と「奇跡」、どちらのほうがありがたい？

「奇跡」と「奇蹟」。どちらも常識では考えられない不思議な出来事をさす言葉だが、キリスト教の『聖書』を読むと、この二つを厳密に使い分けていることがわかる。

神の力によって起きた不思議な出来事は「奇蹟」、そうでない単なる不思議な出来事が「奇跡」。

つまり、奇跡的な出来事があったとしても、必ずしもそれが奇蹟であるとは限らない、というわけだ。

釣りで一匹も釣れないのがなぜ「ぼうず」？

釣りの世界では、一匹も釣れないことを「ぼうず」という。

この「ぼうず」は、寺院の僧侶（坊

主）に由来するとみられる。お坊さんは頭には髪の毛がない。そこで、釣り人が一匹も釣れないときに、「魚っけ（毛）がない」といったところから、頭の毛がない坊主頭にたとえたようだ。

ただ、異説もあって、一匹も釣れずに終わったときは、お寺から坊主を呼んで、お経でもあげてもらいたいような気持ちになるところから、「ぼうず」と呼ぶようになったともいう。

上の前歯2本についている意外な名前とは？

「親知らず」「糸切り歯（犬歯）」をはじめ、歯には愛称があるが、じつはその昔は、上の前歯2本にも呼び名がついていた。

その名は、「恵比寿歯」と「大黒歯」。自分から見て右を恵比寿、左を大黒という呼び方は、江戸時代の庶民の間でよく使われていたという。

では、どうして、恵比寿と大黒なのだろうか？

それは、右に恵比寿、左に大黒と二体並べて、五穀豊穰や商売繁盛を願う風習があったから。

どちらも食に関係の深い神様なので、仲よく並んだ二本の前歯を二体の神様に見立てたというわけだ。

冠婚葬祭に欠かせない「水引」の由来は？

熨斗（のし）や香典を包むときに使う、和紙でできた紐といえば、水引である。水引は、今も冠婚葬祭に欠かせないものだが、その語源は何なのだろうか？

有力なのは、水引の作り方が語源になったという説。水引は、水で溶いたのりを何度も塗って作る。

つまり「水で溶いたのりを引く」ことから、水引と呼ばれるようになったという。

水引の歴史は古く、室町時代には早くも文献にその名が登場する。現在は機械で作られることが多くなっているが、かつての手作業では、むらなく均一にのりが引けるようになるまで、10年はかかったといわれる。

雨がよく降る6月がどうして「水無月」？

6月というと梅雨の真っ只中、一年のうちでも雨がよく降る季節である。

それなのに、6月を「水無月」と呼ぶのは、旧暦では「水無月」が今の7月に当たるため。

7月になると、梅雨が終わって、太陽が強烈に照りつけ始め、晴天が続いて水が枯れることもある。そこから、「水無月」と呼ぶようになった。

「ドクダミ」の「ダミ」って何のこと?

ドクダミは、住宅周辺や道端にも自生し、強力な臭いを放つ植物。古来、薬草としても知られ、開花期の地上部を乾燥させて煎じたものが、利尿作用や動脈硬化の予防に効果があるとされてきた。

その「ドクダミ」という名は、「毒だめ」が語源という。この「だめ」は、「溜める」ではなく、「矯める」。つまり、毒を溜めるのではなく、毒がはびこらないように止めるという意味で、「解毒」という意味になる。

また、ドクダミは古くから「十薬（じゅうやく）」とも呼ばれてきた。これは、十の効能があるとか、効能が重なるという意味で「重」と「十」をかけたともいう。現在でも、ドクダミは全国に分布しているため、地方によって「ドクナベ」「ホトケグサ」「ニュウドウグサ」「イヌノヘドグサ」などと、さまざまな名前で呼ばれている。

童貞のことがなぜ「チェリーボーイ」?

女性経験のない男性を日本語では「童

貞」、アメリカの俗語では「チェリーボーイ」と呼ぶ。

もともと「チェリー」には、童貞ではなく、「処女」という意味があった。英語の「cherry」は「サクランボ」のことだが、俗語として「処女」や「処女膜」という意味でも使われてきた。そこからさらに「チェリー」には「初心者」や「真新しいこと」という意味、そして「童貞」という意味も加わった。

ちなみに、「童貞」という日本語は、明治時代、「ヴァージン（virgin）」の訳語として作られた言葉とみられている。貞操を守る童という意味で、男女に関係なく、生まれたままの清らかな体の人という意味だった。

やがて、性的経験のない女性を「処女」と呼ぶようになったことから、「童貞」はもっぱら男性を指す言葉として使われるようになった。

「梅干しバアサン」って誰が最初に言い出した？

顔がシワだらけの老女のことを、「梅干しバアサン」という。酸っぱい梅を食べたときのように、老女の顔がシワシワであることを皮肉っているわけだ。では、最初に梅干しとおばあさんを結びつけたのは誰だったのか？

正解は、『枕草子』で有名な清少納言。

清少納言は「歯もないような老女が、梅を食べて酸っぱそうにしている顔が嫌だ」と『枕草子』に記しているのだ。女性をおちょくったこの「梅干しバアサン」という表現の生みの親は、男性ではなく、同性である女性だったというわけだ。

「日本」は、英語以外でどう呼ばれている？

日本は、英語の「ジャパン」以外では、何と呼ばれているのだろうか？

フランス語では「ジャポン」、イタリア語では「ジャポネ」、スペイン語では「ハポン」、ドイツ語では「ヤーパン」、ロシア語では「ヤポーニャ」である。

これらの言葉のルーツをたどると、「日本」を意味する中国語の発音にいきつく。それをヨーロッパに紹介したのは、『東方見聞録』を著したマルコ・ポーロ。彼が日本を「Cipango（ジパング）」と表記し、それが現在、ヨーロッパ各国語の「日本」を意味する単語のルーツとなった。

「キューピッド」と「天使」は同じか違うか？

「彼は私たちの恋のキューピッド」とか

「天使のような人」などと、日常会話にも登場する「キューピッド」と「天使」。その違いをご存じだろうか？

まず、キューピッドは、ギリシアやローマの神話に登場する愛の神である。美の神ヴィーナスの子でもあり、絵画には、裸で背中に小さな羽があり、金の弓矢をもった子どもとして描かれる。

一方、天使は、神の使者として天界から人間界に派遣され、神と人間との仲介役を果たす。９つの階級に分かれ、下級の天使ほど人間に近い存在とされる。

したがって、ヴィーナスの周りを飛んでいるキューピッドは神様だが、キリストや聖母マリアの周りにいる天使は神様ではなく、その使者。

なぜ臆病者を「チキン」というのか？

日本で「チキン」といえば、もっぱら鶏肉のことだが、英語では生きているニワトリ、とりわけヒヨコやメスの若鳥に対しても使われる言葉だ。

さらに、英語の「チキン」には「臆病者」という意味がある。ヒヨコやメスの若鳥は、人に追いかけられると逃げ出すところから、チキンが「臆病者」のたとえとして使われるようになった。

日本でいう「ノミの心臓」も、英語で

は「チキンハート」という。

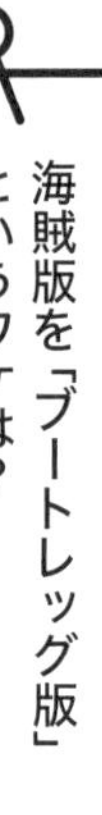

海賊版を「ブートレッグ版」というワケは？

英語では、CD、DVDなどの「海賊版」を「ブートレッグ（bootleg）」と呼ぶ。この言葉が生まれたのは、1920年のアメリカ、禁酒法時代のこと。

禁酒法時代、米国内での酒製造が禁止されると、おもに隣国のカナダから密輸されるようになった。その最初の頃、密輸業者は酒をブーツの中に隠して持ち込んでいたので、そこから密輸業者を「ブートレッグ」と呼ぶようになった。

のちに、コンサートの模様をこっそり録音、複製して販売する業者が現れると、彼らも「ブートレッグ」と呼ばれるようになり、やがて海賊版全般がそう呼ばれるようになった。

旅客機に乗り込むことがなぜ「ボーディング」？

旅客機に乗り込むことを、英語で「ボーディング（boarding）」というが、この「ボーディング」の語源は、「板」という意味の「ボード」。

昔、筏（いかだ）のような船に乗り込んだことから使われ始め、現在でも船や旅客機に乗り込むという意味でそのまま使われている言葉だ。

なお、客室乗務員は、乗客を「ウェルカム・アボード（機内へようこそ）」と迎えるが、この「アボード」はボードに接頭辞の「a（onを意味する）」がついて、「機内」を意味するようになった言葉。

「マクドナルド」のスペルの途中に、大文字が入るのは？

ハンバーガーのマクドナルドは、アルファベットでは「McDonald's」と書く。名前の最初だけでなく、途中にもなぜか大文字の「D」が入るのだ。なぜだろうか？

「マクドナルド」の「マック（Mac あるいは Mc）」には「〜の息子（son of 〜）」いう意味があり、「マクドナルド」は「ドナルドの息子」という意味になる。

英語では人名の頭文字は大文字で書くから、ドナルドの頭文字「D」は、スペルの途中であっても大文字で書くというわけだ。

フランス人は関西人同様、「マック」ではなく「マクド」!?

関東と関西によって、マクドナルドの略称が違うのは有名な話。関東では「マック」、関西では「マクド」と略すが、じつは大阪から遠く離れたフランスでも、マクドナルドは「マクド」と呼ばれている。

その理由は、フランス語の「マック」という言葉の意味にあった。フランスで「マック」というと、「女衒（ぜげん）」「ポン引き」という意味になってしまうので、使いにくかったのだ。

「レタス」って、どこからきたことば?

シャキシャキッとした歯ごたえを味わえるレタスは、もともとは地中海東部から西アジアが原産。日本に、現在のようなレタスが入ってきたのは、明治時代になってからのことだ。

レタスは、ラテン語で「ミルク」を意味する。レタスの茎を切ってみればわかるが、切り口からミルク状の液体が分泌されるからである。

レタスの可食部はほとんどが水分で、ミルクほど栄養豊富ではないが、βカロチンやビタミン、ミネラルなどをバランスよく含んでいる。その栄養を損なうことなく吸収するには、生のまま食べるのが一番だ。なお、サラダ菜、サニーレタス、リーフレタス、サンチュなども、レタスの仲間だ。

パンク・ロックの「パンク」って、どういう意味？

1970年代中頃、英国に登場した「パンク・ロック」(punk rock)。その「パンク」という音から、ついついタイヤの「パンク」を連想してしまうが、それとは関係ない。

タイヤを「パンクさせる」のは、英語では「puncture」。一方、音楽の「パンク」は「punk」。

もとは「ろくでもない人間、若造」とか「価値のないもの、ガラクタ」という意味をもつ。

キノコに、「〜タケ」という名がついたのは？

マツタケ、シイタケ、エノキダケと、キノコの名前の末尾には、「タケ」がついている。このタケとは何だろうか。

キノコ類の名につく「タケ」は、「猛る」を語源とし、動物の雄のシンボルを指す。キノコの形を思い浮かべれば、ハァと思い当たる人が多いだろう。

もっとも、単純に形が似ているからだけではなく、昔はキノコが精力剤として使われていたことも関係しているようだ。

キノコはビタミンやミネラルを豊富に

含んだ健康食品。キノコを食べると「猛る」というのも、あながちないことではなかったのだろう。

「フェリー」って、そもそもどういう意味？

カー・フェリーの「フェリー」は、もとは英語の動詞で「渡す」「輸送する」という意味をもつ。日本では、フェリーは、旅客と自動車の双方を運ぶカー・フェリー、旅客のみを運ぶフェリー・ボートに分けられている。そのうち、「カー・フェリー」という表現は、日本でしか通用しない。

かつては、欧米でも「カー・フェリー」という言い方があったが、フェリーが大型化し、トラックを載せるようになると、「ロー・パックス・フェリー（Ro-PaxFerry）」と呼ばれるようになった。「ロー（Ro）」は、「ロール・オン／ロール・オフ（Roll on／Roll of　クルマが直接乗り降りできる）」の略語。「パックス（Pax）」は、「パッセンジャー（Passenger　乗客）」の略語だ。

「サンダル」と「ミュール」は、どこがどう違う？

サンダルは、足をのせる板状の台と、

それを足に結び付けるヒモからなる履物といえる。簡単な構造だけに、その歴史は古く、古代エジプト、ギリシア、ローマ時代にはすでに使用されていた。サンダルという呼び方も、「板」という意味の古代ギリシア語「サンダリオン」、ラテン語の「サンダリューム」に由来するとみられている。

その後、流行り廃りはあったものの、20世紀初めから世界的に広まり、第二次世界大戦後、とくに気候の温暖な地域で、気軽な履物として愛用されてきた。

一方、「ミュール」は、華奢で装飾性の高い女性用サンダルの一種。ハイヒールで、かかと部分は簡単なベルトを回して固定するようになっているものと、まったく固定していないものがある。その分、履物としては不安定で、外反母趾や靴ずれの原因になることもある。

映画『ローマの休日』（１９５３年）で主演のオードリー・ヘップバーンが履いていたことから、日本ではかつては「ヘップサンダル」とも呼ばれていた。

ティラミスの意味は「私を持ち上げて」!?

イタリア生まれのチーズケーキの一種「ティラミス」。エスプレッソの苦みとチーズのコクがよく合うデザートで、日本ではバブル期の1990年頃、大ブームを巻き起こした。

このティラミスは、「ティラ（持ち上げて）」「ミ（私を）」「ス（上に）」という三つの単語が合わさってできた言葉で、「私を上に持ち上げて」「私を元気付けて」という意味をもつ。

甘いデザートであるティラミスを食べれば、元気になることから、この名前がついたとみられる。

「.com」、「.co.jp」って、何を表している？

「.com」「.co.jp」「jp」など、ドメイン名の末尾の部分を「トップレベル・ドメイン（TLD）」という。

これらには、それぞれ次のような意味がある。

まず「.com」は、インターネットが民間に転用された1984年に生まれたもので、「com」は「commercial（商用）」を略したものだ。

一方、「.co.jp」の「co」は「company（会社）」、「jp」は「Japan」で、日本の会社という意味。

このTLDが生まれたのは1989年のことである。

インターネットが世界中に広がったことを受け、「国別ドメイン」が必要とな

ったために誕生した。

最近は「jp」を使う会社も増えているが、これは「汎用JPドメイン」と呼ばれているものだ。

迷惑メールをスパム（豚の缶詰）メールと呼ぶのはなぜ？

コンピュータ用語には、ハッカーの間から生まれてきたものが多い。たとえば、大量に送られてくる広告メールなどの迷惑メールを指す「スパムメール」もその一つ。

この言葉は、ハッカーの間で人気の高かったモンティ・パイソンのコント「Spam（スパム）」に由来する。

コント「Spam」の舞台は、スパム（豚肉の缶詰）料理をやたらと出すレストラン。

次から次へと出てくるスパムにお客がうんざりするという筋書きだ。

「そのうんざり感が迷惑メールのそれと同じ」ということで、ハッカーたちは迷惑メールを「スパム」と呼ぶようになった。

また、スパムの発音は「精子」を意味する「sperm」と似ている。そのいかにも俗語っぽいところも、スパムという言葉がハッカーたちの間で広がった大きな理由だったとか。

「ログイン」「ログアウト」という言葉はどこからきた？

「ログイン」はコンピュータの接続を開始するという意味。「ログアウト」はコンピュータの接続を終了するという意味だ。

これらの言葉の語源をたどると、話は、コンピュータなど、影もかたちもなかった18世紀にさかのぼる。現在、船の位置は、GPS（全地球測位システム）によって正確に知ることができるが、18世紀にそんな便利な装置はなく、航行する方向と速度で位置を割り出していた。といっても、航行速度を測るスピードメーターもなかったので、ロープに10メートル間隔程度で結び目（ノット）をつけ、先端に丸太（ログ）を結んだものを〝速度計〟代わりに使っていた。

船から丸太を投げ入れると同時に、1分計時の砂時計をひっくり返す。たとえば、1分間に結び目が10個出たとすると、「10メートル×10個×60分」で、時速は6キロ。それを海里（1852メートル）で割り、船の速度は「3・24ノット」と計算した。

その際、ロープにつけた丸太（ログ）を海に投げ入れることを「ログイン」と呼んだ。この言葉が、コンピュータの

「接続開始」という意味で使われ、反対に接続を切ることを「ログアウト」と呼ぶようになったのである。

「デジタル」ってそもそもどういう意味?

「デジタルカメラ」「地上デジタル放送」などと、近年あちこちで使われる「デジタル」という言葉。その語源は、人間の「指」に由来する。ラテン語で指を意味する「Digit」が、デジタルという言葉のルーツなのだ。

歴史をさかのぼれば、人類の最初の計算器は10本の指だった。人は、指を伸ばしたり、折り曲げたりしながら、それを組み合わせて計算をしていた。

いうまでもなく、コンピュータが扱うデジタルデータは、すべて「0」と「1」の組み合わせで表現されている。デジタルの語源は、人類が最初に指を使って行ったこの計算方法に由来する。

「ストア」と「ショップ」は、それぞれどんな店のこと?

イギリスとアメリカでは、「ストア(store)」と「ショップ(shop)」が、違う意味に使われている。

まず、イギリスで「ショップ」というと、小売店や商店を指す。

一方、アメリカでは小売店や商店は「ショップ」ではなく、「ストア」と呼ぶ。だから、「生花店」を意味する「フラワー・ショップ（flower shop）」は、イギリス生まれの英語で、「ドラッグ・ストア（drug store）」「チェーン・ストア（chain store）」は、アメリカ生まれの英語だ。

アメリカでも「ショップ」という単語は使われているが、おもにデパート内の専門店やサービス業の店を指す。一方、イギリスでは「ストア」は主に倉庫や貯蔵庫の意味で使われている。

トートバッグの「トート」ってどういう意味？

環境意識やゴミ問題への配慮から、最近では、スーパーやコンビニのレジ袋を使わず、マイバッグを使う人が増えている。エコバッグとも呼ばれるが、その大半が「トート型」と呼ばれるデザインだ。口が広くて底が深いため、荷物の多いときには何かと重宝する。

トートバッグが誕生した１９４０年代のアメリカでは、このタイプのバッグは、氷を運ぶために用いられていた。トートには「持ち運ぶ」という意味がある。

電気冷蔵庫が普及する1970年頃まで、アメリカの寒冷地方では、湖などに張った氷でものを冷やしていた。その際、氷を運ぶのに使われていたのが、収容力抜群のトートバッグだったのである。

「クローン」って、どんなもののこと?

クローン牛やクローン羊でおなじみのクローン。生物学の世界では、「遺伝的に同一である個体や細胞（の集合）」と定義されているが、もともとは「小枝」を意味するギリシア語である。

木には何十本もの小枝があるが、どの小枝も遺伝子的には同じ。そこから、同じ遺伝子をもつものをクローンと呼ぶようになった。

ただし、これは生物学の世界での話。植物学では、クローンは「挿し木」を指す言葉として使われている。

「パパラッチ」って、もともと何のこと?

スクープを狙って、ハリウッドスターや王族、政治家などを執拗に追い回すフリーランスのカメラマン、パパラッチ。この言葉は、フェデリコ・フェリーニ監督の映画『甘い生活』から生まれたものだ。

映画に登場する「パパラッツォ」と呼ばれるカメラマンが語源で、パパラッチは、パパラッツォの複数形。フェリーニ監督によれば、パパラッツォとは、「やぶ蚊」を意味するイタリアの方言だとか。

たしかに、スターたちにとって、追い払っても追い払ってもついてくる「パパラッチ」は、うるさいやぶ蚊のような存在に違いない。

「Ｓｕｉｃａ」の名前はどうやって決まった？

ＪＲ東日本のプリペイドカードといえば「Ｓｕｉｃａ（スイカ）」。この名は「スイスイ自動改札を通れる」という意味を込めて名づけられた。

また、「Ｓｕｉｃａ」は「Super Urban Intelligent Card」の頭文字をとった言葉でもある。これは「都会で便利に使えるすぐれもの」という意味になるが、こちらは「Ｓｕｉｃａ」という名前が決まってから、何かの略語にしようと、後付けで考えられたものだ。

「ＰＡＳＭＯ」って何の略語？

首都圏の私鉄、ＪＲ、バスなどで使え

るＩＣカード「ＰＡＳＭＯ」。

パスモとは、パスネット（PASSNET）のPASに、もっと（MORE）のMOをくっつけた造語。「パスネット（かつて私鉄だけで使えたカード）よりもっと便利に」という意味合いが込められているのだ。

「メルセデス・ベンツ」をベンツと呼ぶのは日本人だけ？

「メルセデス・ベンツ」は言わずと知れたドイツの高級車だが、欧米ではメルセデスと呼ぶのが一般的で、日本人のようにベンツと呼ぶ人はまずいない。ベンツと呼ばない背景には、次のような事情がある。

１９２６年、ダイムラー社とベンツ社の合併によって「ダイムラー・ベンツ」という会社が生まれた。その新会社の新ブランド名として生まれたのが、メルセデス・ベンツ。

この、「メルセデス」は、合併前からダイムラー社が使っていたブランド名であり、すでにヨーロッパ中に浸透していた。

そのため、ヨーロッパの人々は、メルセデス・ベンツと名が変わってからも、単に「メルセデス」と呼び続けたのである。

ちなみに「メルセデス」とは、「慈悲深い人」という意味のスペイン語だ。

検索サイト「グーグル」の意味は何？

インターネットの検索サイト「Google（グーグル）」。その名前は、英語の綴りを間違えたことに由来するといわれてきた。

数学者以外にはあまり馴染みがないかもしれないが、英語には「10の100乗」を意味する「Googol（グーゴル）」という数学用語がある。

1997年、創業者のラリー・ペイジとセルゲイ・ブリンが、インターネット上に存在する膨大な情報を組織化するという意味を込めて、新しい検索エンジンのドメイン名を「Googol.com」にすることに決めた。

ところが登録のさい、ラリー・ペイジが綴りを間違え、「Google.com」と申請してしまった——。

実際は、あえてそうしたようだが〝伝説〟を彩るエピソードではある。

なぜ「BVLGARI」と書いて「ブルガリ」なのか？

高級ブランドの「ブルガリ」は

「BVLGARI」と表記する。最初が「BU」ではなく「BV」となっているのは、「U」という文字がないギリシア文字の伝統を受け継いでいるからである。

ブルガリの創業者ソティリオ・ブルガリは、古代ギリシア以来の伝統を受け継ぐ銀細工職人だった。

1884年に創業し、ローマで店を開いたが、そのさい、ギリシア文字に「U」がないこと、また古代ローマでも「U」の代わりに「V」を使っていたことから、ブランドのロゴを「BVLGARI」としたのである。

ただし、会社名や一族名は、「U」を使って「BULGARI」と表記する。

「フマキラー」の「フマ」に潜む2種類の昆虫とは?

殺虫剤フマキラーの「フマ」は、発売元の造語である。ハエは英語で「フライ(fly)」、蚊は英語で「マスキート(mosquito)」、「フマ」とはこの二つの単語の最初の文字を合わせたもので、それに「殺すもの」という意味のキラーがついて商品名とされた。

フマキラーの原液が開発されたのは、1924年(大正13)、今から1世紀近くも前のこと。当時にしては、じつにハイカラなネーミングだったといえる。

「ゴディバ」の名前が生まれた伝説のエピソードとは?

高級チョコレート・ゴディバは1926年創業の老舗だが、そのブランド名は、女性の名前のゴダイバ（GODIVA の英語読み）に由来する。

11世紀、イギリスのコベントリーの住民たちは、重い税金に苦しんでいた。見かねた領主夫人のレディ・ゴダイバが、夫に税を軽くするように申し出ると、夫は「お前が素っ裸で町中をまわることができたら、そうしよう」と答えた。

美しい彼女は大変に悩んだが、ついに一糸まとわぬ姿になり、馬にまたがって町をめぐった。感激した住民たちは、その日、家の窓を固く閉ざし、夫人の裸体を見ないようにして、彼女の愛と勇気に応えたという。

ゴディバの創業者ジョセフ・ドラップスは、ゴダイバ夫人の行動に感動して、ブランド名に夫人の名を冠したと伝えられている。

「ククレカレー」の「ククレ」って何のこと?

カレールーでおなじみのハウス食品が「ククレカレー」を発売したのは、19

71年（昭和46）のこと。

袋ごと熱湯に入れるだけで食べられるレトルトカレーは、手間がかからないうえ、後片付けも簡単。ククレカレーという名にも、そんな意味が込められている。

ククレとは「クックレス」の略。「調理のいらないカレー」という意味なのだ。

「モスバーガー」の「モス」って何語？

ハンバーガーチェーン「モスバーガー」のモス（MOS）は、「Mountain」「Ocean」「Sun」の頭文字をとったもの。

「山のように気高く堂々と」「海のように深く広い心で」「太陽のように燃え尽きることのない情熱を持って」、取り組んでいこうという思いを込めて名付けられたという。

「叙々苑」の「叙々」ってどんな意味？

高級焼肉チェーン「叙々苑」の第1号店は、1976年（昭和51）にオープンした六本木店。六本木は、今も昔も外国人の多い街だが、米国人らは肉を焼く音を「ジョージョー」と表現する。そこで、欧米人にも焼肉店とすぐにわかるように、六本木店を「JOJOEN 六本木店」としてオープンしたのだ。

やがてそれに漢字が当てられ、「叙々苑」となった。

じゃがりこの「りこ」って、どういう意味？

「じゃがりこ」は、カルビー発売のじゃがいもを主原料にしたスナック菓子。1995年に発売され、今では、同社の看板商品に成長している。

その「じゃがりこ」の「りこ」とは、何なのか？

これは「りかこ」さんという人物名に由来する。カルビーのホームページによると、開発時、新しくできたこのお菓子を、開発担当者の友人の「りかこ」さんが、ひじょうにおいしそうに食べたという。そこからのネーミングだそうだ。

「スジャータ」ってどういう意味？

コーヒーフレッシュのスジャータ。この商品名は、仏教の開祖・釈迦の恩人ともいえる1人の女性の名前に由来する。

釈迦は悟りを開く前、修行に疲れ、山から降りて休んでいた。そこに若い娘がやって来て、牛乳粥を飲ませてくれた。その娘の名がスジャータだったのだ。

スジャータの牛乳粥がお釈迦様に喜ばれたように、おいしいコーヒーフレッシュを消費者に届けたいという気持ちが込められて、スジャータとネーミングされたのである。

R－1グランプリのRの意味は？

R－1グランプリは、ピン芸人のナンバー1を決めるコンテスト。M－1のMは「漫才」の略だが、ではこのRは何の略だろうか？

Rは「落語」のイニシャル。第一回大会（2002年）は、「座布団の上で漫談を行う」というルールで開催され、そのスタイルが落語のようであることから、R－1とネーミングされたのだ。

ところが、第2回（2004年）からはルールが変更され、古典落語以外の一人芸であれば、何でもOKということになった。そうして、落語が排除されたのに、R－1という名は残り、現在に至っているというわけだ。

column

頭の片隅に入れておきたいワンポイントネタ106

1
金星では、地球とは反対に、太陽が西から上がり、東に沈む。

2
円周率には「産医師異国に向かう」（3・14159 26）という記憶法がある。

3
世界でいちばん広い湖、カスピ海には、琵琶湖が558個入る。

4
英語では、ナマコを「海のキュウリ」、アワビを「海の耳」、ウニを「海の栗」という。

5 納豆1パック（50グラム）には、約1150億個もの納豆菌が棲息している。

6 人間は、1か月に自分の体重の60～100％くらいの食料を食べる。

7 ウォシュレットという名は、「ウォッシュ（洗う）とトイレットの合成語」ではなく、「レッツ、ウォッシュ（洗おうよ！）」を逆さまにした言葉。

8 カニみそは、カニの脳みそではなく、肝臓と膵臓。

9 聖書によると、最初の人アダムは930歳まで生きたとある。

10　「遠くて近きは男女の仲」は、清少納言の『枕草子』にある言葉。

11　マゼラン艦隊は、265人で出発し、世界一周航海をなしとげたのは18人。

12　標準的な大きさのスイカ一玉には、800～1000個の種がある。

13　何百桁の数字でも、各桁の数を足し、それが9の倍数であれば、9で割り切れる。

14　インド南部のカレーは、北部より辛い。日本に伝わったのは南部系のカレー。

15　日本人の頭髪は、調査が行われている国では、もっとも〝左巻き〟

が多い。

16 イヌの血圧は110～55程度で、ちょっと血圧の低い人くらい。

17 日本で最も多数作られた飛行機は、ゼロ戦。1万430機作られた。

18 蓮根の穴の数は9個か10個に決まっている。

19 世界で生産される果実の40％は、ぶどう。むろん、ワインをつくるため。

20 うどん1人前の長さは、30メートル前後。

21 ロダンの彫刻『考える人』は、地獄を見下ろしている。

22 世界一大きなドアは日本の種子島宇宙センターにある。むろん、立てたロケットを出し入れするドア。

23 水星は1日が2年の星。1回自転する間に、2回公転している。

24 携帯電話第1号の重さは3キログラム。肩から下げるタイプだった。

25 富士山の山頂は、県境争い未決着で静岡県、山梨県のどちらにも属していない。

26 剣道は宮本武蔵のように、二刀流で戦ってもルール違反ではない。

27 ウグイスは梅の木には止まらない。梅の木に集まるのは、メジロ。

28 蝶は1頭、2頭と数える。英語では正式には「HEAD」で数えるため。その直訳。

29 招き猫は、右手をあげたものは「人を招き」、左手をあげたものは「金を招く」。

30 寿司屋の符牒では1から順にピン、リャン、ゲタ。8はバンド、9はキワ。

31 ホルモン焼きで、腸はヒモ、腎臓はマメ、子宮はコブクロ、直腸はテッポウのこと。

32 トルストイ、ドストエフスキー、ゴーリキーはノーベル文学賞受賞者ではない。

33 サケ1匹からは、約3000粒のイクラがとれる。

34 新聞には、一面で6000～8000字の活字が並んでいる。

35 タヌキ寝入りのことを英語では、fox sleep（キツネ寝入り）という。

36 扁桃腺の「扁桃」とは、アーモンドのこと。

37 桜餅用の葉っぱには、おもに伊豆半島と伊豆大島のサクラの葉が使われている。

38 ホルスタインは、年間、ドラム缶30本分（6000リットル）のミルクをだす。

39 渋谷のハチ公像は二代目。初代は、戦争中、旧国鉄浜松工場で解体。

40 坂本龍馬の亀山社中隊長としての給料は三両二分。新撰組組長の16分の1。

41 産婦人科医が女性器を触診するときの心得は、クリトリスに触らないこと。

42 柿の種の袋には、窒素が詰められる。ピーナッツの油分の酸化を防ぐため。

43 電気イスの発明者は、発明王エジソン。

44 コンサート会場で、いちばん音のいい席は、真ん中より少し後ろの席。

45 学校のチャイムの作曲者はヘンデル。「メサイア」のアリアの一節。

46 パプアニューギニアの「パプア」は、マレー語で「縮れっ毛」という意味。

47 コンビーフの缶は枕缶と呼ばれる。殿様が使った箱枕のような形だから。

48 火は、水よりも湯のほうが消えやすい。短時間で水蒸気が多量に出るため。

49 冷し中華は日本食。1937年、仙台市中華組合の組合長・四倉義雄の考案。

50 「安山岩」の「安山」とは、南米のアンデス山脈のこと。同山脈で発見された。

51 地球上でもっともよく眠る動物は、フタユビナマケモノ。20時間は眠る。

52 東欧のブルガリアでは、肯定するとき、首を横に振る。

53 日本にいるカタツムリ（約800種類）のほとんどは右巻き。

54 シロナガスクジラは、産まれたとき、すでに体長7メートル、体重15トン。

55 無重力状態では、身長が3%伸びる。

56 鷹匠が使うタカは、すべてメス。オスは攻撃性が高すぎて、使えない。

57 人間の左肺と右肺では、左肺の方が少し小さく、容積比はおよそ7対8。むろん、左胸には心臓があるため。

58 日本最長の砂丘は、鳥取砂丘ではなく、鹿児島県西部の「吹上浜」。その総延長は、鳥取砂丘（長さ16キロ）の約3倍におよぶ47キロ。

59 ツツジはおもに5月に咲き、サツキは6月に盛りを迎える。

60 平賀源内は、一時、オナラの研究に没頭、『放屁論』という書物を著した。

61 東京〜サンフランシスコの最初の航空運賃は現在の貨幣価値で往復1千万円。

62 都会で食べるゴーヤに沖縄産は少なく、多くは九州産。

63 世界の国と地域のうち、日本より狭い国は132か国もある。

64 トルコでトルコ石がとれたことはない。

65 チノ・パンの「チノ」は「中国」のこと。

66 日本のエスカレーターの傾斜角度は、30度にほぼ統一されている。

67 ミニトマトは、そもそもは機内食用に開発された。

68 月餅1個のカロリーは、700キロカロリー。ウナ重1人前にほぼ匹敵する。

69 伊能忠敬が測定した富士山の高さは3927メートル。誤差151メートル。

70 OA機器メーカーのキヤノンは「キャノン」ではなく、「キヤノン」と書く。

71 キノコ（4000種）のうち、毒キノコはわずか20種。

72 芽キャベツは、キャベツの芽ではなく、違う種類。

73 海上自衛隊では、船の上でも陸の上の食堂でも、金曜日にはカレーを食べる。

74 便秘（医学的には便閉塞）で、腸が破裂することがある。

75 武道館初のロック・コンサートを開いたのは、ビートルズ。

76 サクラは、沖縄では1月に咲く。八重山諸島では中旬。本島は下旬。

77 親権訴訟で、父親の勝率（子どもの親権を獲得する率）は、約10％。

78 人間の体に含まれる鉄分は、6〜7グラムで、だいたい釘1本分。

79 鮫（さめ）を魚偏に「交わる」と書くのは、魚には珍しく、交尾をするため。

80 女の子が初潮を迎える一つの目安は、体重が42キロに達したとき。

81 紙1トンをつくるには、100トンの水が必要。

82 セロハンテープは、パルプからつくられている。要するに紙の一種。

83 日本百名山のうち、32座は長野県内にある。

84 ヒトコブラクダは人を乗せて、1日にフタコブラクダの3倍以上移動できる。

85 フルートは金属でつくられていても、木管楽器。起源が木製だったため。

86 富士山をとりくずすと、琵琶湖を三つ埋め立てられる。

87 既製服のズボンは、左足側のほうが太い。むろん、ナニを収容するため。

88 青森市を中心とした祭りは「ねぶた」、弘前市中心の祭りは「ねぷた」と呼ぶ。

89 『万葉集』は約４５００首を収録しているが、うち４７８首は編者の大伴家持の歌。

90 北品川駅は品川駅の「南」にある。

91 近年、日本で飼われているオス犬の〝童貞率〟は99％を超えている。

92 「エッフェル塔」の設計者は「自由の女神」と同じ。

93 ゾウは1日に１２０キロのウンコをする。

94 シマウマの鳴き声は、「ヒヒーン」ではなく、「ワンワン」に近い。

95 サンドバッグの中身は「砂」ではない。

96 バスの定員は「座席の数＋吊り革の数」。

97 千葉県は、全国で唯一、標高500メートル以上の山がない県。

98 かまぼこ板には、モミの木がよく使われる。安価で、特別な匂いがないため。

99 牽牛（わし座のアルタイル）と織姫（こと座のベガ）の距離は、約151兆キロ。

100 鎌倉の大仏の体重は、121トン。

101 ゾウリムシは、英語圏で「スリッパ虫」（Slipper animalcule）と呼ばれている。

102 警察は押収したピストルを業者に委託して溶かしている。

103 タクシー業界で「ワカメ」といえば、「回送」のこと。海藻（かいそう）というシャレ。

104 空手家が瓦割りに使うのは、もともと半分に割って使う「のし瓦」。

105 「ウインナーコーヒー」は、本場ウィーンには存在しない。

106 厚さ1ミリの紙を26回二つ折りにすると、富士山の頂上よりも高くなる。

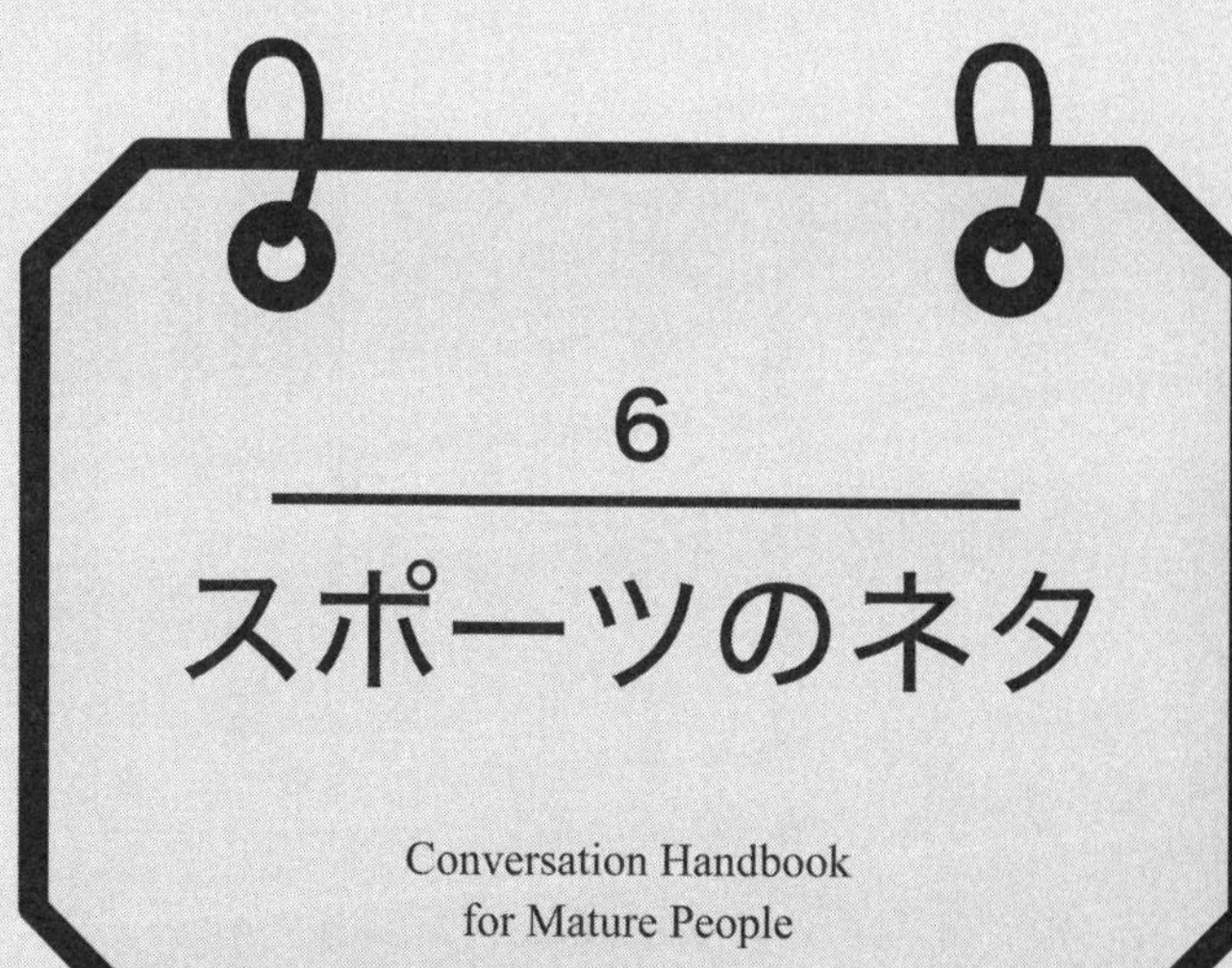

6

スポーツのネタ

Conversation Handbook
for Mature People

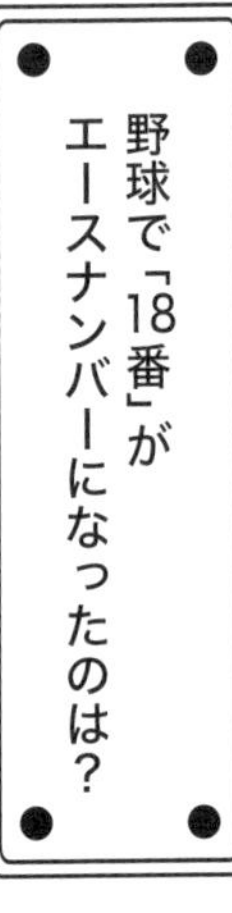

野球で「18番」がエースナンバーになったのは？

日本のプロ野球界では、背番号「18」がエースナンバーとされてきた。

これは、プロ野球創成期に、阪神の若林忠志や阪急（現オリックス）の野口二郎といった大投手が「18」をつけ、その後、人気の高い巨人軍で、藤田元司、堀内恒夫、桑田真澄といったエースたちにこの背番号が引き継がれたことで、「18」はエースナンバーというイメージが定着したからである。

さらに、西武に入団した松坂大輔が「18」をつけて大活躍したので、現在もそのイメージが受け継がれている。松坂の場合は、レッドソックスでも「18」を背負っていたが、メジャーリーグでは野手がつけていることも少なくない。

昔のプロ野球にコーチはいなかった!?

プロ野球といえば、監督のほかにヘッドコーチや打撃コーチらがいて、選手の指導にあたっているもの。ところが、かつて日本のプロ野球には、コーチがいなかった。

コーチがベンチ入り名簿に登録される

ようになったのは、1950年（昭和25）の日本シリーズからのことなのだ。

一般のペナントレース中の試合では、1953年（昭和28）から。それ以前は、日本球界には、正式には打撃コーチも投手コーチも存在しなかったのだ。

ピッチャーが登板前に肩を温め、登板後冷やすのは？

野球の投手は、登板前にウォーミングアップをして肩を温める。速い球を投げるためには、腕をすばやく振ることが必要であり、そのためには肩のインナーマッスルを十分に使わなければならないからだ。

インナーマッスルは、アウターマッスルの下にあるため、十分にウォーミングアップをしなければ、ほぐれにくい。ほぐれなければ、十分に使えないというわけで、肩周辺を温め、インナーマッスルが萎縮しないようにすることが大切なのだ。

一方、登板後は、反対に氷などでアイシングをする。これは、ピッチングをすることで、肩周辺の筋肉が炎症や小断裂を起こして、熱をもつからである。ピッチング直後に冷やすと、肩周辺の筋肉の回復を早めることができるのだ。

判断の悪いプレーがなぜ「ボーン・ヘッド」？

野球で、走者が牽制球で刺されたり、野手がイージーなフライを落球したりすると、解説者は「ボーン・ヘッドですね」と嘆いてみせる。

このボーン・ヘッド（bone head）は、野球などのスポーツで、判断の悪いプレーのことをいう。

boneとは骨のことなので、bone headを直訳すれば「骨頭」となるが、これは頭の中が骨ばかりで、脳味噌がないという意味。そこから、「頭の悪い間抜けなプレー」という意味が生じた。

「ノーアウト満塁は意外と点が入らない」の根拠は？

野球では、よく「ノーアウト満塁では、意外に点が入らない」といわれる。しかし、日本のプロ野球のデータを調べると、じつは「ノーアウト満塁は、ひじょうに点が入りやすい」ことがわかる。

調べによれば、無死満塁の84％で得点がはいっていたという。また、4点以上得点するというビッグイニングも、5回に1度はあった。ノーアウト満塁は、ひじょうに点の入りやすい局面だったのである。

とはいえ、ノーアウト満塁でも1点も入らないことが、6回に1度ほどはあったことになる。

すると、「ああ、ノーアウト満塁だったのに……」という失望が大きいだけに、「ノーアウト満塁は意外に点が入らない」という印象が強く残るのだろう。

ダルビッシュ選手のフルネームをご存じ?

WBCでも活躍したダルビッシュ有投手は、父親がイラン人で、母親が日本人。両親は、ともにアメリカ留学中に知り合って結婚。2人の間に長男の有が生まれた。

彼は高校野球時代から「ダルビッシュ有」という名前で全国に知られることになったが、彼のフルネームは、もっと長い。

「ダルビッシュ・セファット・ファーリード・有」というのが、そのフルネームだ。

イランでは、西洋と同じく「名・姓」の順に名乗るが、日本在住のダルビッシュは、「姓・名」の順で名乗っている。

「ダルビッシュ・セファット」が父親から受け継いだ姓で、「ファーリード・有」が名前である。

ペルシア語で「ダルビッシュ」は、もともと「貧しい」という意味で、托鉢僧や修行僧という意味もある。

イスラム圏にはスーフィズム（イスラム神秘主義）と呼ばれる一派があり、ダルビッシュという名字はそのスーフィズムの修行僧に由来する。「セファット」は「～のような」という意味なので、姓は「スーフィズムの修行僧のような」という意味になる。

一方、名前の「有」は、日本名のようだが、じつはイスラム圏の男性名に多い「アリー」を漢字で表したもの。「ファーリード」は「唯一の、比類なき」という意味なので、彼の名前は「比類なきアリー」という意味になる。

スイートスポットに当たるとボールがよく飛ぶのは？

バットのスイートスポットは、野球界では「バットの芯」とも呼ばれる。メーカーの商標が刻印されている部分のことだが、この「スイートスポット」は、野球のバットに限らず、ゴルフのクラブやテニス、バドミントンのラケットなどにもある。もっとも反発係数が大きくなるポイントのことだ。

また、バットやラケットを握る手が受ける衝撃がもっとも少ないポイントでもあり、もっともロスが少なく、選手のパワーをボールに伝えることができる点ということができる。

すなわち、スイートスポットで打つと、選手のパワーをもっとも効率よくボールに伝えられるので、ボールがよく飛んでいくというわけである。

かつて日本に存在した「女子プロ野球」とは？

以前、ナックルボールを投げる女子高校生が関西独立リーグのプロ野球チームと契約を結んで、話題になったことがあるが、彼女が女子プロ野球選手第1号というわけではない。かつては、女子のプロ野球チームが存在したからだ。

戦後まもない1949年（昭和24）、女子プロ野球チーム『ロマンス・ブルーバード』が生まれ、翌年『レッドソックス』『ホーマー』『パールス』が誕生、日本女子野球連盟が結成されたのだ。

彼女たちは、公式戦や地方遠征をこなして華やかに活躍し、最盛期には25チームが活動していた。

しかし、人気はまもなく低迷して、1952年（昭和27）にはプロ組織の維持を断念。社会人野球チームとなるが、それも1971年（昭和46）に姿を消すことになった。

サッカーのグリーンカードって、どんなカード？

サッカーの試合中に出されるカードといえば、イエローカードとレッドカードの2種類——と思っている人が多いだろうが、じつは「グリーンカード」もある。ただし、このカードが使われるのは、もっぱらU－12以下（12歳以下）の試合。カードが出されるのは、反則に対してではなく、「フェアプレー」や「（相手チームに対する）リスペクトのある行為」に対して。勝敗やPKには無関係なカードだ。

そもそもは、日本サッカー協会独自のカードだったが、近年は海外でも部分的に導入されている。2015年には、イタリアのセリエBでグリーンカードが出され、プロの試合で初めてグリーンカードが出たと話題になった。

日本のプロサッカーでは、グリーンカードは導入されていないが、チームへのフェアプレー賞やフェアプレー個人賞が設けられ、賞金も用意されている。

サッカーで選手と一緒に入場する子どもはどう選ばれる？

W杯やJリーグなどのサッカーの試合

では、おそろいのユニフォームを着た子どもたちが、選手たちと一緒に入場することがある。

その子どもたちは「エスコート・キッズ」と呼ばれている。

この習慣がいつから始まったのかはっきりしないのだが、W杯では1998年のフランス大会から導入され、その後、Jリーグの試合でも見られるようになっている。

エスコート・キッズたちは、たいていの場合、スポンサーやクラブによって募集される。

Jリーグの試合では、各クラブがファンクラブの子どもや来場者のなかから希望を募って抽選したり、クラブのスポンサーが募集していることが多い。

ワールドカップ出場国がもし出場を辞退したら？

いまから90年以上前、1930年（昭和5）に南米のウルグアイで開催された第1回W杯は、「遠すぎる」という理由から、ヨーロッパの多くの国が出場を辞退した。

その後は、出場権を得ながら、出場を辞退した国はまだない。

とはいっても、今後、国内の騒乱などによって、出場を辞退するケースがあるかもしれない。

規定では、辞退国が出てしまった場合は、次点の国が出場することになっている。

たとえば、アジア最終予選突破国から出場辞退が出てしまった場合は、大陸間プレーオフで敗れたチームが、次点国として出場権を得ることになるという具合だ。

サッカーの「ボール支配率」は、どうやって計算する？

サッカーの試合をテレビで見ていると、「ボールの支配率は、オランダが61％、日本が39％」というように、両チームがどれだけボールを持っていたかをパーセンテージにして教えてくれる。

かつて、このボール支配率は、計測員がストップウォッチで測っていたが、2008年頃からは、ミサイルを追尾する軍事技術を応用して算出されている。

多数のカメラをスタジアムの高い位置に設置し、ピッチ上の選手と審判、ボールの動きを追いかけ、瞬時にデータ化するのだ。

そのデータを分析することで、ボール支配率のほか、選手が移動した距離や速さ、パス成功率、どんなふうに動いたかもわかるようになっている。

サッカー日本代表のユニフォームはなぜ青色なのか？

サッカー日本代表といえば、青のユニフォーム。なぜ、青色が採用されたのだろうか？

そのルーツをたどると、１９３６年（昭和11）のベルリン五輪に行き当たる。日本代表は、この大会に水色のユニフォームで出場し、初出場にもかかわらず、優勝候補の呼び声が高かったスウェーデンを3対2で破る大金星をあげ、「ベルリンの奇跡」と呼ばれた。

以来、「青は縁起がいい」と日本代表のユニフォームは青色になった。

その後、日本代表は、１９６８年（昭和43）のメキシコ五輪で銅メダルを獲得してから、長く低迷する。

そこで、88年（昭和63）、日の丸に合わせて赤色のユニフォームへと変えて心機一転を図るが、成績はいっこうに上がらない。

さらに、92年バルセロナ五輪の最終予選では、日本人ファンですら、青いユニフォームで戦う韓国代表を日本代表と勘違いするというハプニングもあった。そこで、もとの青色に戻すことになり、現在に至っている。

慶應大学のサッカー部が「ソッカー部」と名乗っているのは？

慶應大学のサッカー部の正式名称は、「慶應大学体育会ソッカー部」。これは誤記ではなく、「ソッカー部」というのだ。なぜ、その名になったのだろうか？

同ソッカー部のホームページによると、慶應義塾のサッカークラブは、1921年、まず「慶應ブルーサッカー」として発足。その後、「慶応アソシエーション・フットボール倶楽部（ア式蹴球倶楽部）」と改称され、1927年、大学の公式クラブとなったときから「ソッカー部」と名乗るようになった。

改名した背景には、日本ラグビーの草分けである「蹴球部」（ラグビー部のこと）と混同しやすいことがあったようだ。

そして、サッカーではなく、ソッカーになったのは、当時の主将が「発音は、サッカーよりも、ソッカーに近い」ことから決めたと伝えられている。

スノーボードのワザの名が、なぜベーコン？　なぜチーズ？

五輪競技にも採用されているスノーボード。この競技では、滑走中に手でボードをつかむワザを「グラブ」と総称するが、そのグラブ系のワザの名前には、なぜか食べ物関係の言葉が使われていることが多い。

たとえば、「カナディアン・ベーコン」は、走行方向とは反対側の手を股の間から通して、爪先側のボードをつかむワザ。他にも、「スイスチーズ」や「スパゲティエア」、「ローストビーフ」といったワザがあるのだ。

それらの多くは、選手や関係者がつけた名前が、スキー場周辺の口コミやSNSで広まったもの。たとえば、「カナディアン・ベーコン」は、このワザを磨いていた選手が、カナダのスキー場で毎朝、ベーコンを食べていたことに由来するという。

スノーボードのワザは、体操のワザとは違って、協会などにワザの名を登録する必要がない。その自由さ、あるいはゆるさが、こうしたワザの名にも反映されているといえそうだ。

水泳の公式プールの長さは「50メートル」ではない？

オリンピックなどで、たとえば水泳の100メートル平泳ぎを見ていると、選手はプールを一往復する。そのため、プールの長さは、ちょっきり50メートルだと思い込んでいる人が多いかもしれないが、じつは国際的な統一ルールでは50メートルちょうどではない。50メートル2センチが、正式な長さとなっている。

これは、コースの両端に設置されているタッチパネル（タイム測定器）の厚さが、1センチあるため。このタッチパネルをスタート地点と折り返し地点の2か所に設置したうえで、コースの長さがちょうど50メートルとなるように、プールの長さは2センチ長めに作られている。

もっとも泳ぎやすい水温って一体何度？

水泳では、水温が高すぎると、汗をかくので体力の消耗が激しくなる。一方、水温が低すぎると、筋肉の動きが鈍くなり、速く泳げなくなる。そこで、オリンピックなどの国際大会では、水温は24～25℃に保たれている。その程度の水温が最も記録が出やすいからである。

なお、24～25℃という水温は、一般人にはかなり冷たく感じる温度。各地のスイミング・クラブのプールでは、水温を28～29℃に調節している。

競泳選手の泳ぐスピードはどんな魚と同じくらい？

競泳トップ選手のタイムは、どんな種

類の魚と同じぐらいだろうか？

クロールのトップ選手は、秒速2メートル強（時速7・2キロ）で泳ぐが、魚で最も速いバショウカジキは時速100キロを超えるので、まるで勝負にならない。人間と同じ程度のスピードで泳ぐのは、カワマスの時速約7・7キロあたりだ。

フルマラソンのコースは正確に「42・195キロ」か？

マラソンコースといえば、42・195キロのはずだが、普通の道路を使用し、その距離を巻き尺で図るため、コースの長さに若干の誤差が出ることはやむをえない。

規定では0・1%までのプラスの誤差なら認められているが、短いと無効になることがあるので、20メートルほど長めにコースが設定されることが多い。

マラソンのスタート地点の並び方はどう決まる？

マラソンの大会では、選手数が少ないレースでは、スタートラインに並ぶ順番は、招待選手が優遇されるほかは、抽選で決められている。

ただ、全選手がスタートラインから10

メートル以内に入るよう配慮されるので、マラソンではその程度の差はタイムに影響しないとされている。

一方、参加者の多い市民マラソンでは、おおむね申し込み順にゼッケンが交付され、その順番にスタートラインに並ぶのが基本ルール。

また、どのくらいの時間で完走できそうか自己申告し、それに応じて並ぶ場所を決めることもある。

マラソン選手の脚はどうしてツルツルなのか？

マラソン選手には、脚の表面がツルツルの人が多い。女性選手だけでなく、男性選手も、太ももやスネにほとんど毛が生えていないのだ。

これは、ジャージやランニングパンツの布地でたえず擦られて、脚の毛がすり減っているためである。

マラソン選手は、レース本番はランニングパンツで走るが、ふだんの練習では、ジャージやスパッツをはいていることがある。

しかも、連日20キロ以上は走るので、少なくともその間1万回以上は太ももなどとジャージがこすれ合う。その結果、脚の毛は布地で擦り切れて、男性もツルツルお肌となるのである。

リレーの最終走者を「アンカー」というのは?

アンカー(anchor)とは、本来は船の錨のこと。

この言葉がスポーツで最初に使われたのは、陸上のリレー競技ではなく、綱引きだった。

綱引きは、１９００年の第2回パリ大会から第7回アントワープ大会まで、オリンピックにも採用されていたほどのスポーツである。

綱引き競技では、いちばん後ろに最も体重の重い選手をおくのが普通だ。引きずられないように重りの役目を果たすためで、そこから最後方の選手を「アンカー」と呼ぶ。

それが他の競技にも転用されて、陸上のリレー競技でも最終走者を「アンカー」と呼ぶようになった。

走り幅跳びの助走は何メートルまで走っていい?

ご存じのように、陸上競技のひとつ走り幅跳びは、助走をしてからジャンプする。

その助走距離は、選手によって多少違うものの、だいたい30メートル前後となっている。

では、もっと走りたいと思えばそれ以上の助走をつけても大丈夫なのだろうか？

国際陸上競技連盟の競技規則に、走り幅跳びの助走に関する規定はない。

助走路は最低40メートルを確保しなければならないと定められているだけなので、どんなに長くても、どんなに短くても構わない。

ただし、現実問題として、同じ会場で他種目の競技も同時進行されているため、助走を長くしすぎて、他の種目の邪魔になったりすると、「失格」と判定されることもありうるだろう。

円盤投げの円盤は、向い風の方がよく飛ぶって本当？

「鳥は、向い風にむかって飛び立つ」——深い挫折感を味わったときなど、そう言って励ましてもらうと、多少は元気が出てきそうだが、鳥でも飛行機でも、テイクオフの原則は「向い風であること」である。

向い風によって揚力を得て浮かびあがるのだ。それは、陸上競技の円盤投げも同様である。

円盤が飛ぶ距離は、投げるときの技術とスピード、角度、さらに空気抵抗によって決まってくる。

その円盤の飛行中、円盤の上側の空気の流れは、下側よりも速くなる。それによって揚力が生じ、円盤は空気に乗って飛んでいく。

右投げの場合は時計回りのスピンがかかっていることから、右斜め方向から向い風が吹いているときに、いちばんよく飛ぶ。

といっても、競技場では、追い風が吹くこともあれば、向い風が吹くケースもある。

そこで、追い風のときは高く、向い風のときには低く投げるのが、円盤投げのセオリーとなっている。

ハンマーを投げないのにどうして「ハンマー投げ」？

陸上競技のハンマー投げでは、ピアノ線の先に金属球をつけたものを「ハンマー」と呼ぶ。

大昔は、本物のハンマーを投げて力を競い合っていたのだが、19世紀のイギリスで、ハンマー投げが正式に陸上競技に採用されるさい、より投げやすい形が考えられ、現在のハンマーに近いものになったのである。

それに伴って、名称を変えようとする動きもあったが、昔からの呼び方が踏襲されて、現在ではハンマーとは似ても似つかないものを投げる「ハンマー投げ」が行われている。

くるりと回るわけじゃないのに、なぜ回転競技という?

スキーのアルペン競技には「回転」や「大回転」「スーパー回転」という競技がある。

しかしながら、これらの競技は、コースの斜面に立てられたポールをクリアしながら滑り降りるもので、選手がくるりと回転することはない。

もともと、英語で「スラローム」と呼ばれる競技が、「回転」と呼ばれるようになったのは、大正時代に適当な訳語が見当たらなかったからである。

日本にスキーが伝わったのは、明治時代の終わり頃。雪深い山岳での移動手段として発達したスキーだったが、20世紀になると、競技としても発展した。大正から昭和時代にかけて、日本にもスキー競技が紹介される中で、競技の種目名が次々と和訳された。

「ダウンヒル」は「滑降」、「クロスカントリー」は「距離競技」とされたが、「スラローム」については、なかなかよい訳語が見当たらない。

そこで、スキーのターンに注目し、

「回転」と訳されたのである。まあ、くるりと一回転しなくても、半回転や3分の1回転でも回転は回転なので、間違いではないだろう。

もっとも、現在では、横文字に抵抗のない人が増えたため、競技者やファンには「回転競技」を「スラローム」と呼ぶ人が増えている。

外から見えないボクシングの暗黙のルールとは？

ボクシングは、スポーツとしての殴り合いなので、後頭部を殴ることやトランクスの部分を殴ることなどの危険な行為は禁止されている。そうでなければ、深刻な後遺症が残ったり、ときには死につながるからだ。

また、ルールには明記されなくても、暗黙の了解事項として禁止されている行為がある。

その一つは、声を出すことである。レフリーに相手の反則行為をアピールするときも、身振り手振りで行うのは、そのためである。

格闘技に欠かせないラウンドガールは、誰が始めた？

ボクシングやプロレスなどの格闘技に

欠かせないのが、ご存じ、ラウンドガール。ラウンドの合間に、次のラウンド数を書いたボードを掲げて、リングを一周する。

このラウンドガールが日本で初めて登場したのは、ボクシングの試合で、1980年代後半のバブル経済時代のことだった。

その頃まで、リングの周辺は「女人禁制」が常識だったが、女性のジャッジやセコンドが登場するようになり、しだいに規制がゆるくなった。

そして、ラウンドガールまで登場し、テレビ放映されたK−1人気の上昇とともに注目度が高まった。現在の大きな試合ではモデル、グラビアアイドルなどから選ばれることが多い。

これまでで、一番短い競走馬の名前は？

競走馬の名前は、馬主などがJRAに申請。そこで認められれば、その名で競馬に出場することができる。

GⅠ優勝馬や現役競走馬などと紛らわしい名前以外で、2〜9文字、宣伝目的ではないものといった規制があるが、過去にもっとも短かったのは「ヤ」の一文字。まだ一文字の馬名が認められていた戦前の競走馬である。

ちなみに、過去の珍名としては「イヤダイヤダ」「ロバノパンヤ」「メロンパン」「エガオヲミセテ」などがある。かつて「ゴメンナサイ」という馬名を申請したが、認められなかった馬主が、「ギャフン」で申請して認められたこともある。

競艇のボートのスタート位置がバラバラなのはなぜ？

競艇は、モーターボートでコースを回ってゴールをめざす競技であり、ギャンブル。

この競技を初めて見た人が、たいてい疑問に思うのは、参加する艇のスタート位置がバラバラなことだ。じっさい、スタート地点から離れて、助走をつけるボートもあれば、スタート地点ギリギリから飛びだすボートもある。

じつは、競艇では、スタートの合図から1秒以内にスタート地点を通過すればよいことになっている。

というのも、競艇は水上で行われるため、スタートラインを引けない。また、各ボートを同じ地点からスタートさせようとしても、風や波の影響を受けて難しい。そこで、ルールでは、規定の時間内にスタート地点を通過すれば、どこから始動してもよいとされているのだ。

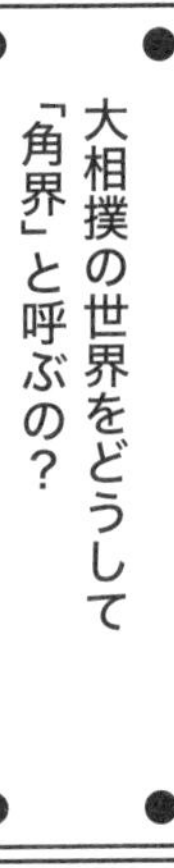

大相撲の世界をどうして「角界」と呼ぶの？

大相撲の世界のことを「角界」と呼ぶ。これは、「財団法人大日本相撲協会（現日本相撲協会）」が設立される大正時代まで、「すもう」のことを「角力」と書いていたからである。

当時は、協会名も「東京大角力協会」と名乗っていた。

「角力」も「相撲」も、もとは中国の古い文献に出てくる言葉。角力は力比べをして勝敗を争うという意味で、江戸時代から大正時代までは、すもうに角力の漢字を当てることが多かった。

そこで角力界のことを略して「角界」、また角力好きを「好角家」と呼ぶようになり、それらの言葉は現在まで残っている。

一方、相撲は、本来は力持ちを集めて素手で組み合わせ、力の優劣を競わせること。昭和以降はこちらを使って「相撲」と書くのが一般的になった。

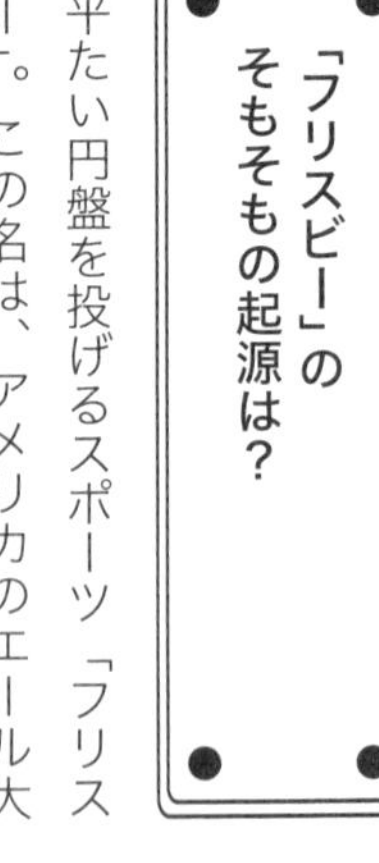

「フリスビー」のそもそもの起源は？

平たい円盤を投げるスポーツ「フリスビー」。この名は、アメリカのエール大学近くにあったパン店「フリスビー・ベーカリー」の店名に由来する。

現在のような専用円盤が開発される前は、フリスビー・ベーカリーのパイ皿が投げられていたのだ。

つまり、フリスビーという競技は、大学生たちによるパイ皿投げ遊びから始まったのだ。

なお、エール大学のキャンパスには、皿を投げる学生の銅像が建てられている。

ポイントをとられたテニス選手がラケットをいじるのは？

テニスの試合では、ポイントをとられた選手がラケットの面をいじることがある。

そのとき、選手たちは、ポイントを取られたことをラケットのせいにしているわけではなく、ラケットに張られたガットの状態を確認しているのだ。

とりわけ、激しいラリーが続いたあとは、ラケットのヨコ糸とタテ糸がズレて、正しく交差していない状態になることがある。

ガットがズレたままの状態では、ボールをうまくコントロールできなくなるので、選手たちはその状態をチェックし、プレーに支障がないよう、ガットを正しい位置に戻しているのだ。

テニスボールにはどうして毛が生えている？

硬式テニスのボールには毛が生えている。むろん、フェルトが貼られているためだが、そのようなボールを使うのは、テニスをより楽しいスポーツにするためである。

フェルトを貼ると、ボールが飛びすぎることはなくなるうえ、プレーヤーのテクニックしだいで、スピンやバックスピンなど、さまざまなボールを打ち分けられるようになる。

あの毛のおかげで、テニスはぐんと複雑で奥行きの深いスポーツになっているというわけだ。

バスケットボールの1チームの人数はなぜ5人？

バスケットボールは当初、1チームの人数が決まっていなかった。19世紀末までのルールは「両チームの人数が同じであればよい」というアバウトなものだったのだ。

しかし、コーネル大学で50人対50人で試合をしたところ、多数の負傷者が出たうえ、体育館の窓ガラスが割れ、ドアまで壊れる事態となった。

そこで1893年、「レクリエーションとして楽しむときは人数制限なし。競技の場合は、人数を少なくし、フロアが広ければ9人、狭ければ5人」とされた。

さらに翌年、フロアの広さによって、5人、7人、9人制とされ、1896年、1チームの人数は5人が最適と、正式に5人制が採用された。

ダンクシュートの「ダンク」って、どういう意味?

バスケットボールで、ボールから手を離さず、ゴールリングの上から押し込むように決めるシュートを「ダンクシュート」という。マンガ『SLAM DUNK(スラムダンク)』が大ヒットしたこともあって、日本でも広く知られるようになった言葉だ。

「ダンク」とは本来、パンやドーナツなどをコーヒーやミルクなどに浸すこと。つまり、ボールをグイッとリングに沈めるようなシュートが、パンをコーヒーやミルクに沈める様子に似ていることから、そう呼ばれるようになった。

ちなみに、「スラムダンク」は、強く叩きつけるようなダンクシュートのこと。「スラム」には「モノを叩きつける」という意味があり、NBAのロサンゼルス・レーカーズで長年実況を務めたアナウンサーが、ゴールリングの上から強く叩き込むシュートをそう呼んだことに始まる。

バレーボールは何回パスを回してもよかった!?

バレーボールでは、ご存じのように、1回の攻防の中で、同一チームはブロックを除いて、3回以内の触球で相手コートへボールを返さなければならないと決まっている。

ところが、1895年に、アメリカでバレーボールが考案されたときには、触球回数に関する規定がなかったので、味方同士で何回パスを回してもかまわなかった。

触球回数が3回までと制限されたのは、1922年からのこと。アメリカ初の全国大会が開かれ、試合をスピードアップさせるため、触球は3回までと制限された。

7

歴史のネタ

Conversation Handbook
for Mature People

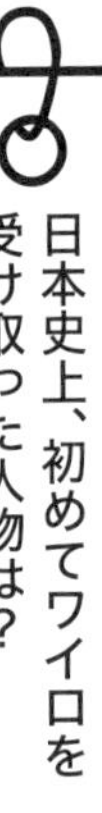

日本史上、初めてワイロを受け取った人物は？

5世紀末から6世紀半ばにかけて、大伴金村という豪族が「大連（おおむらじ）」という役職に就いていた。「大連」は、ヤマト政権の最高職に近く、現在の主要閣僚クラスにあたる。『日本書紀』には、この金村が朝鮮半島の百済（くだら）からワイロを受け取ったという噂が流れたと記されている。

540年には、この噂をめぐって、物部氏から攻撃された金村が失脚するという政争にも発展した。

金村が本当にワイロを受け取っていたかどうかは不明だが、日本史上、ワイロをめぐる話が登場するのは、この金村の話が最初である。

いまの奈良の大仏は何代目？

「奈良の大仏」とはいうが、今の大仏は、奈良市内にある大仏ではあっても、奈良時代の大仏とはいえない。奈良時代につくられたもののうち、現存するのは台座の一部分だけである。

奈良時代に建立された大仏は、平安時代末の1180年、源平合戦の最中に焼け落ち、室町時代の1567年に再建されるが、今度は松永久秀の軍勢によって焼き払われ、今の大仏が再建されたのは1692年（元禄5）のこと。

今の大仏の大半は、時代的には〝江戸の大仏〟なのである。

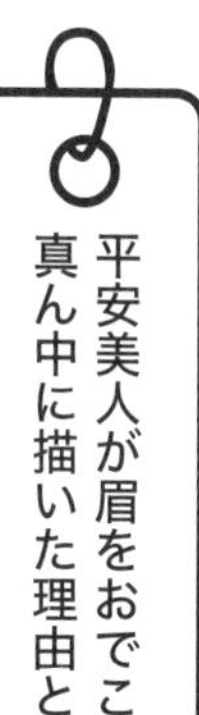

平安美人が眉をおでこの真ん中に描いた理由とは？

平安女性たちは、眉をおでこの真ん中に描いていた。当時は、目と眉が離れているほど、高貴な顔立ちとされていたためである。

そのため、女の子は10歳くらいになると、「まゆびき」と呼ばれるメイク法を習いはじめた。その方法は、まず眉毛をすべて抜くところから始まる。そして、首筋から髪の生え際まで白粉を厚く塗っていく。その後、真っ白く塗り上げたおでこの真ん中あたりに眉を描くと、目と眉がひどく離れた当時としては高貴な顔立ちができあがったのだ。

僧兵はどうして覆面をしていた？

平安時代中期から、僧侶が武器をとって人を殺めるようになる。僧兵が登場したのである。彼らがそろって覆面をしていたのは、むろん身元を隠すためである。

平安中期以降、地方の国司らが武力によって所有地を拡大させようとする動きが活発化、寺院側は国司らの攻撃に対し、武器をとった。つまり、僧侶たちは、財政基盤である荘園を守るため、武器を手にして戦うことになったのだ。

ただ、僧侶の本分を考えれば、殺生ははばかられる行為。そこで、戦いに参加する僧侶は、覆面をするようになった。

源平合戦で、源氏に味方した平氏が少なくなかったのは？

源平合戦というと源氏と平氏が真っ二つに分かれて戦ったかのように思われがちだが、源頼朝のもとに集まった軍勢には、平氏の有力者が多数参加していた。頼朝の妻・政子の生家・北条氏も平氏である。

なぜ平氏の武士が頼朝の軍勢に加わったかといえば、そもそも彼らには、一連の戦いが、源氏vs平氏の戦いだという認識がなかったから。

一言に平氏といっても、いろいろな血筋があり、平清盛を頂点とする都の平氏の専横ぶりに反感を抱いていた他の血筋の平氏は少なくなかったのだ。

そんなわけで、近年、歴史書では「源平合戦」という言葉はほとんど使われなくなり、教科書でも、この時代の動乱は

「治承・寿永の乱」と総称されるようになっている。

仁王像はなぜいつも二神でセットなのか？

寺院の山門にあって、憤怒の形相で、参拝者を見下ろしている仁王像。その像は狛犬と同じように、「阿吽」で一対となっている。向かって右が口を開いた阿形像、左が口を閉じた吽形像である。

仁王は、帝釈天が変身したものとされ、二体はもとは同体。帝釈天が仏敵である魔物を退治するため、那羅延堅固と密迹金剛の二天（仁王）に変身して、仏国土を護るとされている。

織田信長はどんな声をしていたか？

当時のさまざまな記録は、織田信長の声はひじょうに甲高く、遠くからでもよく聞こえたと伝えている。たとえば、宣教師のルイス・フロイスは「快い声だが、人並み外れた大声を出すことがある」と書き残している。

また、俳人で歌学者の松永貞徳は、三条衣棚（現在の京都市中京区）の自宅で信長の大声を聞いたという。それによると、1581年（天正9）、信長は本能寺から内裏へ移動するさい、隊列に向かって怒鳴り声をあげたという。そのとき、貞徳は遠く離れた場所にいたのだが、それでも信長の声が届いたというから、たしかに信長の声はよく通ったのだろう。

利き手に関係なく、火縄銃を左肩にかついだのは？

戦国時代、足軽が火縄銃を肩にかつぐときは、右肩ではなく、左肩にかついだ。そうしないと危険だったからだ。

火縄銃の右側には、火縄挟みやバネ仕掛けなどが設置されていたので、右肩にかつぐと、それらの金具と顔面を接することになり、やけどする恐れがあった。そこで、右利きの足軽でも、あえて左側に銃をかついで、装置と顔が触れないようにしたのである。

とくに、戦時の移動ともなると、足軽はいつでも発砲できるように、銃に弾丸や火薬をこめて臨戦態勢をとっていた。たとえ右利きだからといって、右肩に銃をかつぐのは危険すぎる行為だったのである。

足軽は、重い鎧を着けて遠くまで行軍できたのか？

戦国時代を舞台にしたドラマには、甲

冑を着けた足軽らが行軍する場面が出てくる。ところが、現実にそんなシーンはありえなかった。

当時の甲冑には相当の重量があったので、早く着けすぎると、体力を消耗することになったからだ。

当時は、戦闘直前になってはじめて甲冑を身に着けていた。それを着用して遠距離を行軍することなど、ありえなかったのだ。

昔の侍は、人を切った刀をすぐさま鞘に収めたのか?

時代劇を見ていると、手練の武士が敵を切り捨てるときは、刀を抜くや一気に斬り倒し、サッと刀の鞘に収める。瞬間芸のような早業だが、じっさいの侍はそんなことはしなかった。

人を刀で斬れば、刀身には血液や脂肪が付着する。血のりは刀の錆の原因になるし、鞘の中で血液が凝固すると、刀を抜けなくなってしまう。また、刀に脂肪がべったりつけば、刀の斬れ味が鈍ってしまう。

そのため、侍は人を斬ったあとは、紙や布で刀身をていねいに拭ったのち、鞘に収めたのだ。なお、刀身を拭った布はその場に捨てず、倒した相手の着物の裾に入れた。その動さは、人を斬っても動揺せず、落ち着いて処理したことを示すためでもあった。

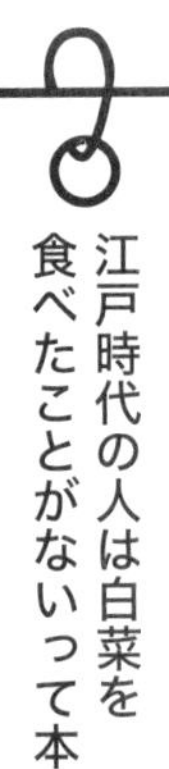

江戸時代の人は白菜を食べたことがないって本当？

もし、時代劇に登場した鍋料理の中に白菜が入っていれば、それは時代考証上、間違いになる。

なぜなら、白菜が日本で普及するのは、1894～95年（明治27～28）の日清戦争以降のことだからだ。

日本兵たちは、中国各地を転戦するなか、白菜の味を知って種を持ち帰り、それがしだいに広まったのである。

それ以前、1875年（明治8）に清国から日本に紹介されたことがあったが、日本人には調理法がよくわからなかったため、その時点では普及しなかった。

出かけるときの「火打石」の習慣はいつはじまった？

時代劇では、主人らが出かけるとき、後ろでおかみさんが石をカチカチさせて切り火を切るシーンがある。

しかし、これは時代考証上は間違いになる。出かけるさいの切り火の習慣は、江戸時代にはなく、明治20年代に始まったものだからだ。

当時、マッチが普及して、火打石の需要が急低下していた。そこで、火打ち石業界は、販売促進のため、「切り火」の縁起かつぎを考案、宣伝した。すると、鳶職や左官など、危険な仕事にたずさわる人たちから、災難防止のおまじないとして普及したのだった。

女性でも「切腹」する人はいたのか?

切腹といえば、侍(男性)がするものと思いがちだが、江戸時代には、女性にも切腹をした者が少なからずいた。たとえば、『鸚鵡籠中記』という書物によれば、1685年(貞享2)から33年間に、名古屋付近だけで43人が切腹し、そのうち5人は女性だったという。

また、浅野吉長という大名の妻は、夫の遊女道楽に激怒し、「乱行をいさめる者はいないのか」と切腹して果てている。このとき、それに殉じて、奥方付きの局3人がやはり切腹している。

鎖国中の日本との貿易で、オランダはどのくらい儲かった?

江戸初期の1639年以降、ヨーロッパ諸国のなかでは、オランダが対日貿易を独占することになった。その日本との貿易で、オランダはどれくらいの利益を上げていたのだろうか？

まず、当時の貿易の中身だが、日本がオランダに輸出していたのは、おもに金銀などの貴金属。オランダ船が日本に運んできていたのは、おもに中国製の絹織物などである。

オランダは、ヨーロッパから物資を運んでいたわけではなく、中国産品を仕入れて、日本の金銀と交換していたのだ。この貿易、当初はひじょうに割のいい商売だったようである。

ところが、17世紀末あたりから、徳川幕府が金銀の輸出を制限するようになり、それ以降はあまり儲からなくなった。そのため、オランダでは、対日貿易中止が検討されることもあった。

鎖国中の日本で、なぜ外国の伝染病が流行った？

江戸時代は、いわゆる鎖国の時代だったにもかかわらず、世界的に伝染病が流行ると、多くの場合、日本でも流行した。インフルエンザ、天然痘、腸チフス、コレラなどである。

それは、鎖国していたとはいえ、開かれていた場所もあったからだ。中心的な感染経路となったのは、むろん長崎ルートである。オランダや清の船からウイル

スや細菌が上陸、瀬戸内海周辺地域を経て、京都・大坂に伝染、江戸にも達したのだ。

ほかに琉球（沖縄）ルートもあれば、朝鮮半島ルートもあった。たとえば、朝鮮半島の釜山には倭館が置かれて、そこには対馬藩士が常駐していた。

朝鮮半島でコレラが流行れば、釜山の倭館から対馬に伝染、やがて九州本土に上陸することになったのだ。

実は水戸黄門は7人いたって本当？

水戸黄門といえば、一般には水戸藩の第二代藩主・徳川光圀（みつくに）のことである。時代劇の『水戸黄門』では、強きをくじき弱きを助ける正義のヒーローとして描かれている。

しかし、厳密にいえば、水戸黄門とよばれたのは光圀だけではない。「黄門」は「中納言」という役職の別名であるため、水戸藩主で中納言になった殿様は、みな黄門様とよばれていた。水戸藩には、光圀をふくめて計7人の黄門様がいたのだ。

そのうち、光圀だけが有名なのは、彼が『大日本史』という歴史書の編さんに着手するなど、多くの業績を残したから。そこから、光圀を題材にした物語が多く作られ、水戸黄門の名は光圀が独占することになった。

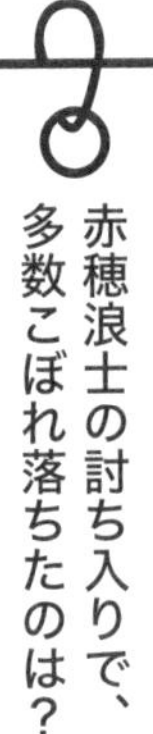

赤穂浪士の討ち入りで、多数こぼれ落ちたのは？

赤穂浪士の吉良邸討ち入りには、大石（おおいし）内蔵助（くらのすけ）以下、四十七士が参加したが、逆にいえばたった47名しか殿様の仇討ちに加わらなかったということである。約300人いた赤穂藩士の大半は、殿様の仇討ちに加わらなかったのである。

しかも、仇討ちに加わらなかった者には、身分の高い家臣が多かった。それは彼らの多くが再就職することができたからである。

高禄の武士は家柄がいい分、他藩に親戚がいることが多い。そのつてを頼って仕官することが可能だったのだ。

一方、身分の低い武士には、再就職のアテなどなかった。すでに、浅野家の取り潰しによって収入がとだえていたので、討ち入りで一花咲かそうと、腹をくるしかなかったのだ。

大奥の美女たちの排泄物はどう処理された？

江戸時代、城下町の糞尿は、周辺の百姓が汲み取り料を支払って汲み取り、田

畑の肥やしにしていた。

江戸城大奥の糞尿も、例外ではなかった。大奥の美女たちも、むろん用を足すわけで、定期的に百姓が汲み取りにやってきていた。

ただし、大奥専用の汲み取り人がいて、葛西あたりの百姓が引き受けていた。それは一種の特権といえた。というのも、大奥の女性たちは、江戸庶民に比べて栄養価の高いものを毎日食べている。その分、彼女らの糞尿は肥料としての価値が高かったのだ。

葛西の百姓らは小舟で江戸城の内堀に入り、最後は徒歩で平河門に入って糞尿をもらい受けていた。

女人禁制だった富士山に初めて登頂した女性は誰？

富士山は、いまでこそ五合目までクルマで行けるなど、女性でも比較的気軽に登れる山だが、かつては違った。江戸時代まで、富士山は女人禁制の山だったのだ。

江戸時代、富士山は信仰の対象であり、江戸の男たちは富士講を組織し、団体での富士山登山を楽しみにしていた。しかし、女性はその楽しみに参加できなかった。

ところが、1832年（天保3）、高

山たつという女性が、禁を破って女性として富士山に初登頂を果した。

彼女は尾張徳川家の奥女中を務めたこともある女性で、25歳のときに一計を案じた。

男装し、男たちに紛れて登山すれば、女とわからないと考えたのだ。そして、みごと登頂に成功している。

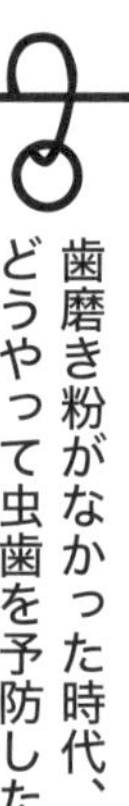

歯磨き粉がなかった時代、どうやって虫歯を予防した？

歯ブラシが登場する前、日本人はどんなもので歯を磨いていたのだろうか？

まず、平安時代、中国から「歯木（しぼく）」が伝えられた。

これは、木の先端を噛んで柔らかくしたもので、その柔らかくなった部分で歯を磨いた。歯木は、まず公家、次いで武士に広まり、江戸時代になると、庶民の間にまで普及した。

江戸庶民が使っていた歯木は「房楊枝（ふさようじ）」と呼ばれるもの。ヤナギ、ハコヤナギ、クロモジ、スギ、モモ、タケなどの木を細く削り、煮て柔らかくした先端を金槌などで叩いて房状（ブラシ状）にしたものだ。

房楊枝は大正時代末まで使われていたが、現在のような西洋歯ブラシが登場して、姿を消すことになった。

明治維新の「維」って、どういう意味？

明治維新の「維」という漢字には、どんな意味があるのだろうか？

まず、「維」は、「繊維」「維持」などが使われるように、糸やつなぐという意味もあるが、「維新」の「維」はその意味ではない。では、何か他の意味があるかというと、それもない。

「維新」の「維」は、発語に用いて、言葉の口調やリズムを整え、意味を強める語。「維新」を漢文調で読み下せば、「これ新たなり」となる。もともとは古代中国で周の文王が使った言葉で、すべてのことが改められ、すっかり新しくなることを意味する。

輸入された当初の自転車は、一体どんな乗り物だった？

日本が初めて自転車を輸入したのは、戊辰戦争の頃。ただし、自転車というよりも、現在の幼児用三輪車に近く、庭で遊ぶ遊具というタイプの乗り物だった。

やがて、三輪ではあるが、往来を走れる本格的な自転車が輸入されるようになり、物珍しさもあってそのレンタル業が始まる。ただし、ブームは一時的なもので、広く一般にまで普及することはなかった。

二輪車の自転車が輸入されたのは、明治20年頃。以後、しだいに輸入台数が増えていき、〝国産車〟も現れて、大正時代にはポピュラーな乗り物になった。

日本で一番最初に校歌ができた学校は？

全国ほとんどの小、中、高や大学には校歌がある。日本で初めて校歌が歌われたのは、1878年（明治11）のこと。現在のお茶の水女子大の前身、東京女子師範学校でのことだった。

同校がその3年前の1875年（明治8）に開校した際、明治天皇の皇后（昭憲皇太后）から和歌が下賜された。その和歌「みがかずば　玉も鏡も　なにかせん　学びの道も　かくこそありけれ」に曲をつけて校歌とし、学生たちが歌ったことが、日本の校歌の始まりとされる。

その後、全国的に校歌を作る学校が増えたのは、明治20年代になってからのことだ。

国会議事堂はもともと日比谷にあったって本当？

現在、国会議事堂があるのは千代田区

永田町だが、日本初の国会議事堂は、永田町ではなく、日比谷にあった。

1890年（明治23）、初の帝国議会が招集されたとき、議員たちは日比谷の議事堂に登院したのだ。

もっとも、日比谷にあった国会議事堂は、最初から「仮議事堂」と呼ばれていた。

当時すでに永田町に議事堂が建築される予定だったのだが、財政難から議会開設に間に合わず、急きょ日比谷に木造の仮議事堂が建てられたのである。

なお、現在の国会議事堂は1920年（大正9）に着工され、1936年（昭和11）に竣工したもの。

日本で一番最初にボーナスを支給した会社はどこ？

サラリーマンにとって夏冬の楽しみといえばボーナスだが、日本で最初にボーナスを支給したのは三菱商会である。1876年（明治9）のことだ。

三菱商会は今の三菱商事の前身であり、岩崎弥太郎を初代の経営者とする。以後、日本の大企業は、三菱商会にならって、ボーナスを支給しはじめた。

それは、日本の伝統の復活でもあった。江戸時代の職人社会や商人社会では、毎年盆と暮れの2回、番頭や手代に一時金が支給されていた。江戸時代、ボーナスに似た仕組みがあったのだ。それを三菱商会は「賞与」という形に改めたのだ。

当時、欧米にはすでにボーナスという仕組みがあり、一定以上の利益をあげた場合に限って、特別に支給されていた。三菱商会は、そのシステムも参考に、日本型のボーナスを導入したと考えられる。

今川焼きを「義士焼」「スミス焼」とも呼ぶのは?

おなじみの今川焼きは、「義士焼」「スミス焼」とも呼ばれていた。まず、この菓子は、江戸末期、神田の今川橋付近で売りだされたところから、今川焼きとネーミングされた。

その後、赤穂浪士の討入りにちなんで「義士焼」、祭りの季節には「太鼓焼」、大正初期にはスミスという米人が来日し、飛行機の曲芸を見せたことにあやかって「スミス焼」と呼ばれた。この菓子が、飛行機が宙返りするように、ひっくり返して焼かれるところからのネーミングだったという。

日本の「特許第1号」はどんな発明?

日本の特許第1号が生まれたのは、特

許法が成立した1885年（明治18）の8月のこと。

出願者は、漆工芸家の堀田瑞松。彼が発明した「堀田錆止塗料及其塗法」が特許第1号に認められた。

船用の錆止め塗料とその塗り方に関する発明だった。

彼は、鉄船の塗料が劣化しやすいことを知って、漆工芸で使う漆を応用することによって、新たな塗料を作ったのである。

堀田の塗料は画期的なもので、たちまち世界に広まって、明治時代の貴重な外貨獲得源の一つになった。

ヴィトンのバッグを最初に買った日本人は？

ルイ・ヴィトンは、ご存じのように、バッグやトランクなどで有名な、フランスを代表する高級ブランド。1854年の創業以来、高い人気を誇ってきた。

そんなルイ・ヴィトンのバッグを最初に手に入れた日本人は、明治維新にあたって功績があった土佐の政治家、後藤象二郎だったとみられる。

後藤象二郎がルイ・ヴィトンで買物をしたのは、視察のため、渡仏した1883年（明治16）1月30日のこと。ルイ・

ヴィトンのパリ店に残された顧客名簿には、後藤の名前が今も記されている。それによると、後藤は、ストライプ柄のトランクを購入したようだ。

なお、LとVを組み合わせたおなじみの柄が登場するのは、それから10年以上も後のことである。

日本人で一番最初にカレーライスを食べたのは？

いまや、カレーライスは日本の国民食の一つといっていいほどだが、日本人が、初めてカレーライスに出会ったのは、明治初期のこと。日本人として初めてカレーライスを食べたのは、国費留学生としてアメリカへ向かう途中の山川健次郎という16歳の少年だったとみられる。

彼は１８７１年（明治４）、アメリカへ渡るため、日本郵船のパシフィック・メイル号に乗り込んだ。しかし、船酔いをしたうえに、出される料理は肉料理ばかり。肉料理など食べたことのない健次郎少年は、ますます食欲をなくしていった。

そんなとき、メニューに見つけたのがカレーライス。とにかくライスを食べたい一心で注文したという。

健次郎少年が食べてどんな感想を持ったかについては伝わっていないが、とにかく一杯のカレーライスに救われた彼は、その後、エール大学で学んで帰国。日本で初めての理学博士となり、東京帝国大学の総長まで務めた。

回転展望レストランと戦艦大和の意外な関係とは？

床全体がゆっくりと回転し、同じ場所に座っていても、外の景色を360度見渡せる回転展望レストラン。高いビルの上階に設けられる施設だが、そこには、大日本帝国海軍の誇った戦艦大和の技術が応用されている。

1964年（昭和39）、東京のホテルニューオータニが回転展望レストランの建設を計画したさい、大成建設の技術者が250席もあるレストランの床ごとスムーズに回転させる技術を研究中、大いに参考にしたのは、戦艦大和に使われていた技術だった。主砲の砲座を回転させる特殊な車輪に目をつけ、それを応用することで、回転展望施設を完成させたのだ。

それが、日本各地に回転展望レストランがオープンするきっかけとなった。

東京タワーの設計図は合計何枚？

東京タワーがオープンしたのは、19

58年（昭和33）12月。当時、続々と開局していた放送局の電波塔を一本化するという目的で建設された。

その333メートルという高さは、324メートルのエッフェル塔を抜き、自立式鉄塔としては当時世界一だった。

東京タワーの設計を担当したのは、建築学者の内藤多仲（たちゅう）と日建設計。彼らが作成した設計図は1万枚あまりになった。エッフェル塔の設計図が5300枚だったというから、その2倍近くにおよんだわけである。

ちなみに、当初、東京タワーは高さ380メートルとして設計されたが、風の影響でアンテナが揺れ、画像が乱れる可能性があったため、333メートルに変更され、大急ぎで設計図も描き直された。すべての設計図が完成したときには、すでに基礎工事が始まっていたという。

いまも残る洞窟壁画は、どんな絵の具で描かれた？

洞窟壁画といえば、スペインのアルタミラ洞窟と、フランスのラスコー洞窟の動物壁画が有名だ。アルタミラ洞窟は1879年、近くの村に住む少女とその父親が発見。ラスコー洞窟壁画は1940年、地元の少年たちが発見した。

それらの絵が描かれたのは、マドレー

ヌ期（約1万8000年〜1万年前）と呼ばれる旧石器時代の末期。その表現はひじょうに高度で、牛や馬の姿が生き生きとしかもカラフルに描かれている。石器時代の人々は、どんな〝絵の具〟を使って描いたのだろうか？

絵の具に用いられたのは、鉄、木炭、粘土などを粉にして、動物の脂肪と混ぜ合わせたもの。それを草や樹皮で作った筆やハケと指を使って描いたとされる。

傘の第1号が、雨の降らない地域で誕生したのは？

傘は、雨の多い日本では必需品といっていい。

とはいえ、傘が発明されたのは、雨の多い地域だったかというとそうではない。傘は、メソポタミアという乾燥地域で生まれたのだ。

古代メソポタミアで傘が誕生したのは、日除けのためである。傘の第1号は、照りつける太陽光線から身を守るための日傘だったのだ。

それが古代ギリシャから古代ローマに伝わった。その古代ローマで、ようやく傘に防水用の油を塗って、雨傘にも使うようになったのである。

ただし、雨傘として使ったのは女性のみで、男性たちは傘を雨除けに使うことを軟弱だとして拒んだ。

傘は英語では「umbrella」だが、そのルーツはラテン語の「umbra」で、日陰という意味である。古代ローマの人々、とりわけ男性は依然、傘を雨天用とは考えていなかったのだ。

世界で一番最初にサイコロを考えだしたのは誰？

『平家物語』には、白河法皇が権勢を誇った頃、自分の思い通りにならないものとして、加茂川の水と山法師に並んで、「双六の賽（さい）」を挙げたと記されている。

宮城県の多賀城遺跡や大阪府の狭山遺跡などからは、7世紀のものと見られるサイコロが見つかっている。

ただ、サイコロを考え出したのは、日本人ではない。古代ローマの英雄カエサルが、ルビコン川を渡るとき、「賽は投げられた」という名セリフを吐いたといわれるように、外国でもかなり古くから使われていた。

正六面体のサイコロは、古代インダス文明のモヘンジョダロやハラッパの遺跡からも見つかっているので、少なくとも4000年前には使われていたとみられている。

現在のところ、サイコロを考案したのは、その古代インダス文明の人たちと考えられている。

その一方、正六面体のサイコロの起源は古代エジプトという説や、さまざまな地域で同時発生的に使われはじめたという見方もある。

クレオパトラの墓と遺体をめぐるウソのような本当の話とは？

古代エジプトの女王クレオパトラといえば、絶世の美女として名高い。

彼女は、古代ローマの英雄カエサルを虜（とりこ）にし、カエサルの死後はその有力後継候補のひとりだったアントニウスを誘惑する。


しかし、カエサルの後継者争いに勝利したのは、オクタヴィアヌスだった。アントニウスは敗戦時の負傷から息をひきとり、彼女は自殺する。

そのクレオパトラの墓がどこに築かれたかはわかっていない。

理由のひとつは、オクタヴィアヌスがクレオパトラのミイラ化を許さなかったということ。彼女の墓室を残しておくと、その記憶が長く残って、将来、反ローマ運動のシンボルになりかねなかったからだ。

時間がたてば、彼女がどこに埋められたのか、わからなくなることを計算してのことだろう。

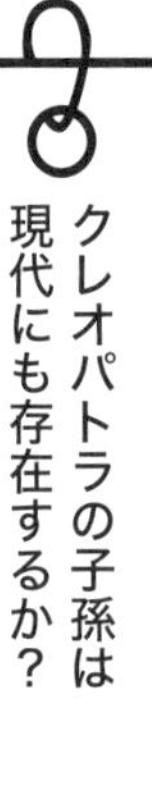

クレオパトラの子孫は現代にも存在するか？

エジプト最後の女王クレオパトラは、3人の子供を産んでいる。

1人は、ローマのカエサルとの間にできたプトレマイオス・カエサル。残りの2人は、ローマの武将アントニウスとの間にできた男女の双子である。しかし、彼女の血統は孫の代でとだえている。

まず、2人の男の子は、クレオパトラの自殺後、エジプトを占領したオクタヴィアヌスによって殺された。そのとき、双子の女の子のほうだけは助けられ、彼女はやがてクレオパトラの孫にあたる男の子を産む。そして、その孫は、マウレタニア（現在のモロッコ）を22年間にわたって統治するが、ローマ皇帝カリグラにローマに呼び出され、毒殺されてしまう。こうして、クレオパトラ直系の血統は、彼女の自殺から約70年後にとだえたのである。

万里の長城をつくったのは始皇帝ではない？

中国を代表する建造物・万里の長城を築いた人物といえば、秦（しん）の始皇帝と思われがちだ。

だが、始皇帝は、厳密にいうと、万里の長城を最初に築いた人物ではない。長城は、始皇帝が中国を統一するずっと前から、すでに築かれていたのだ。

始皇帝は魏や趙を征服すると、すでに築かれていた既存の長城を修復し、つないでいった。それなのに、始皇帝が万里の長城をすべて築いたように伝えられるのは、彼が中国史上、最初のかつ屈指の大皇帝だったからだろう。

なお、現存している長城には、始皇帝時代のものはほとんど残っていない。いま形をとどめている長城のほとんどは、始皇帝の時代よりもはるか後世、明(みん)代に建設されたものだ。

ヴェルサイユ宮殿にはトイレがなかった!?

パリ郊外のヴェルサイユ宮殿といえば、「太陽王」といわれたフランス王ルイ14世の栄華を象徴する建物。その大宮殿は昔から、「トイレがなかった」と伝えられてきた。

けれども、ヴェルサイユ宮殿にまったくトイレがなかったわけではなく、たとえばルイ14世は専用のトイレ室を持っていた。来訪者用のトイレも用意されていたのだが、問題はその数が圧倒的に少なかったことだ。

もっとも、当時、トイレの数が少なかったのは、ヴェルサイユ宮殿だけではなかった。「公衆衛生」という概念が生まれる前の話なので、パリ市街にも公衆トイレはなかった。セーヌ河岸で用を足す者も大勢いて、パリの街にはたえず大便の臭いが漂っていた。その街全体をおおう臭気が、香水の発達という副産物を生むことになる。

英語が話せないイギリス王がいたって本当？

18世紀初頭のイギリス国王ジョージ1世は、英語がまったく話せなかった。ジョージ1世は生まれも育ちもドイツで、ドイツのハノーバ選帝侯を務めていた。ところが、ジョージ1世の母親は、英国王ジェームズ1世の孫であり、英国内の跡継ぎが絶えたため、ジョージにイギリス国王のお鉢が回ってきたのだ。

王座についたとき、ジョージはすでに55歳。新しい言葉を覚えることもなく、彼は英国王の座にありながら、ドイツに滞在することが多かった。

ワシントンと桜の木の話がまことしやかに広まったのは？

アメリカ建国の父、ワシントンは、子

どもの頃、桜の木を切ったことを正直に話して、父親からほめられたという。有名なエピソードだが、この〝いい話〟は伝記作家による作り話である。

この逸話は、彼の伝記としてはもっとも古い『ジョージ・ワシントンの生涯』（メイスン・ウィームズ著）に出てくるものだ。

ところが、この本は、ワシントンが亡くなった翌年に出版されているのだが、初版時には桜の木の話は出てこないのだ。

それがのちに重版されたさい、ほかのエピソードとともに、桜の木の話が付け加えられたのである。

要するに、本が売れ始めたことで、著者のウィームズはもっと話を面白くしようとしたのだろう。

ジェンナーが最初に種痘を行ったのは本当に我が子？

ジェンナーといえば、種痘を考え出した人物であり、その効果と安全性を確かめるため、最初にわが子に種痘を行ったという話でも知られる。

しかし、この美談は後世の作り話。ジェンナーが、1796年5月、最初に種痘を接種したのは、近所に住んでいたジェームス・フィリップという少年だった。

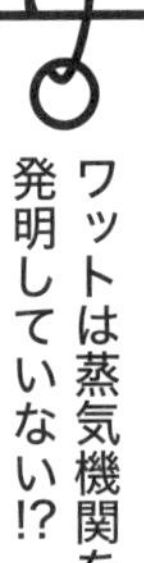

ワットは蒸気機関を発明していない!?

蒸気機関は、ジェームズ・ワットが発明したと思っている人がいるが、これは間違い。

彼は27歳のとき、グラスゴー大学の蒸気機関の故障の修理を頼まれ、その後、より効率のいい機関はできないかと考え、蒸気機関の改良に成功する。

要するに、ワット以前に蒸気機関はあったわけで、彼は蒸気機関を実用レベルに高めた改良者であっても、発明者ではない。

ウイスキーが琥珀色になった最初のきっかけは？

ウイスキーが今のような琥珀(こはく)色の酒になったきっかけは、イギリス政府がウイスキーに高率の税金をかけたことだった。

1776年、イギリス政府は、財政的な苦境に立たされていた。フランスと七年戦争を戦ったうえ、植民地だったアメリカに独立され、税収が大いに不足していたのである。

そこで政府は、酒税を一挙に15倍にも引き上げた。

すると、多くのウイスキー業者が、法

外な税を逃れるため、人目につかない山奥に密造所をつくり、樽につめて貯蔵し始めた。すると、樽に貯蔵されたウイスキーは、琥珀色に染まり、味も一段とまろやかになった。

こうして、ウイスキーの味わい、品質は一気に上がったのである。

「ウィリアム・テル」は実在したのか？

ウィリアム・テルといえば、「弓」と「リンゴ」のエピソードで有名。弓の名手だったウィリアム・テルは、悪代官・ゲスラーに逆らったため、自分の息子の頭に乗せたリンゴを射抜くよう命じられる。ウィリアムは、息子の命を危険にさらしながらも見事成功し、ゲスラーの鼻をあかしたのだった。

こうして、ウィリアムは、オーストリアの圧政に立ち向かったスイスの英雄として知られるようになるが、じつはこの話はフィクションであることがわかっている。

なぜなら、古文書の調査をしても、ウィリアムやゲスラーの名前が出てこず、また、話で語られる歴史とじっさいの歴史には年代的なズレもあるからだ。

ウィリアム・テルは、伝説上の英雄とみるのが正しいようだ。

推理小説を出版したアメリカ大統領って誰のこと？

16代大統領エイブラハム・リンカーンは、推理小説を執筆したことがあり、その作品は日本語にも翻訳されていた。

リンカーンは、アメリカ史上最大の内戦である南北戦争を勝ち抜いた大統領として知られるが、若いころは判事をしていた。その経験を生かし、『トレイラー殺人事件の謎』という小説を書いたことがあるのだ。

中身は、失踪したお金持ちを巡る裁判をめぐるストーリーで、その半分は実話をもとにしたといわれている。

また、32代大統領のフランクリン・ルーズベルトは、自分で執筆するには至らなかったが、推理小説のプロットをつくったことがある。彼はそのプロットをもとに、ヴァン・ダインやガードナーら、有名推理小説作家に連作させている。大統領ならではの、なんとも贅沢な話だ。

電気椅子での初の処刑の時に起きたトラブルとは？

1890年、アメリカで電気椅子による処刑法が採用された。その第一号となったのは、雇い主を殺して死刑を宣告されたウィリアム・ケラーである。

ケラーは、当初は絞首刑を言い渡されていたのだが、刑の執行時期と電気椅子の実用化のタイミングが合ったため、電気椅子で処刑されることになり、その第一号死刑囚となった。

当局は、ケラーに静かな死を与えられるとみていたのだが、じっさいには最初の通電ではケラーは失神しただけだった。そのため、何度も通電するはめになってしまった。

電極と接触している肉の部分が焼けただれて異臭を放ち、ケラーは口から泡を吹くなど、それは残酷なシーンが展開されることになったという。

アインシュタインはノーベル賞の賞金を何に使った？

相対性理論で有名なアインシュタインは、1921年にノーベル物理学賞を受賞している。その賞金は、さぞ天才物理学者らしい目的のために使われたかと思いきや、そうではなかった。アインシュタインは、その賞金を離婚の慰謝料にあてたのだ。

アインシュタインは二度結婚しているが、最初の妻ミレーバは、彼と同じく物理学者だった。2人は離婚に至り、彼はミレーバに慰謝料を支払わなければならなくなった。ところが、アインシュタインにはまとまったお金がなく、離婚時に「慰謝料はノーベル賞の賞金を当てる」という約束をしていたのだ。

アインシュタインが並の学者なら、そんな約束など、捕らぬ狸の皮算用で終わるところだが、彼は天才だった。アインシュタインは確実に受賞できる見込みをもってそう約束し、前妻にきちんと慰謝料を支払ったのだった。

インド生まれなのに アラビア数字というのは？

0、1、2、3……と続くアラビア数字。ローマ数字や漢数字よりも、使い勝手がよいため、数字の世界のグローバル・スタンダードとなってきた。

ただし、この「アラビア数字」という名前は、いささか問題である。

それらの数字は、アラビア人が発明したものではなく、古代インドの学者によって作られたものだからだ。

それがアラビア数字と呼ばれるのは、ヨーロッパ人がアラビア世界からこの数字を学んだから。

ヨーロッパ人がアラビア人の発明と錯覚し、こう呼び始めたのだ。

8 地理のネタ

Conversation Handbook
for Mature People

死海で生きている唯一の生物とは？

「ドナリエラ」という生物をご存じだろうか？　これは近年、「緑黄色野菜の王様」とも呼ばれている藻の仲間。その生命力を評価され、健康食として注目を浴びている。

ドナリエラの生命力に注目が集まったのは、それが唯一、「死海」に生息する生物だから。

死海は、イスラエルとヨルダンに広がる塩湖で、その塩分濃度は30％にも達する。むろん、その塩の海のなかでは、ほぼすべての生物は生きていけない。その死海で、唯一生息しているのが、このドナリエラなのだ。

なぜ、この藻は、死海でも生きていけるのか？　その生命力の秘密は、詳しくは解明されていないが、ドナリエラがニンジンの1000倍ものベータカロチンを含んでいることが、死海でも繁殖できる理由のひとつとみられている。

世界で一番塩っぱくない海はどこ？

世界には死海のように塩分濃度がきわめて高い湖がある一方、その濃度がきわめて低い海もある。

世界一塩辛くない海として知られるのは、北極海である。北極海には氷山が多数浮かんでいるので、氷が溶けて塩分が薄まり、塩分濃度が低くなるのだ。では、なぜ南極ではなく、北極の海がいちばんなのだろうか？

それは、氷が大きな塊になっている南極にくらべ、北極には小さな氷山が多く、そのぶん、海水に溶けやすいため。

また北極圏は、カナダやロシアなどの鉱工業国に接しているので、気温が上がりやすく氷が溶けやすいという傾向もある。

南極にくらべ、北極のほうが氷が溶けやすく、海水の塩分が薄まりやすい環境にあるのだ。

世界で一番ありふれた地名とは？

世界で最も多い地名は「ワシントン」とみられる。むろん、アメリカ合衆国・初代大統領のジョージ・ワシントンにちなんだ地名である。

アメリカを独立に導いたワシントンは、アメリカだけでなく、ヨーロッパやアフリカでも高い人気を誇る。ワシントン通りやワシントン広場など、通りや広場の名前まで含めると、彼にちなんだ地名は、世界に少なくとも5000ヵ所は存在するとみられている。

ロシアの指導者をめぐる不思議な「法則」とは？

ロシアでは、この1世紀弱、ハゲとフサフサの人が交互に指導者になってきた。

ロシア革命をなし遂げたレーニンはハゲ。その次のスターリンはフサフサ。次のフルシチョフはハゲで、その次のブレジネフはフサフサ。その次のアンドロポフはハゲで、次のチェルネンコはフサフサ。

さらに、ゴルバチョフはハゲで、エリツィンはフサフサ、プーチンはハゲ、メドヴェージェフはフサフサと続く。そして、大統領に復帰し、今も権力の座にあるプーチンは……という具合だ。

パリの道路がやけにひろい理由は？

パリは、シャンゼリゼ通りをはじめ、道幅がひじょうに広い都市。他のヨーロッパの都市と比べても断然広いが、それはフランス政府が市民の暴動を恐れて、道幅を広げたからである。

かつて道路が狭い時代、パリでは暴動が起きたとき、市民が路上にバリケードを築いて通行を阻害した。街中にバリケードが設けられるため、政府は暴動をなかなか抑えられなかった。

そこで、19世紀後半、ナポレオン3世は、パリを大改造するとき、道路を広くした。道路を広くすれば、バリケードを築けなくなるので、暴動をすぐに鎮圧できるという狙いからだ。

インドでお酒の販売が禁止される日とは？

インドには、酒類の販売が全面的に禁止される「ドライ・デー」と呼ばれる日がある。

ドライ・デーが実施されるのは、選挙が行われる前後2〜3日間。酒を飲んだ人々が暴れることを警戒して、アルコール販売が全面的に禁止されるのだ。

そもそも、禁欲的なヒンドゥー教徒が多いインドでは、「飲酒は悪しき習慣である」という考え方が根強く、禁酒を訴える政党や議員もいる。

その影響もあって、インドでは選挙の前後、数日間のドライ・デーが設けられているのだ。

その間は、高級ホテルのバーでも、酒の販売を自粛するので、旅行者で飲酒したい人は、あらかじめ買い込んでおいたほうがいいだろう。

ロンドン警視庁がなぜ「スコットランド・ヤード」？

ロンドン警視庁は、イングランドの中心地にあるのに、なぜか「スコットランド・ヤード（Scotland Yard）」と呼ばれている。

その理由は、かつてロンドン警視庁があった場所に、もとはスコットランドの屋敷があったから。

18世紀初頭まで、スコットランドはイングランドと別の国だったため、スコットランドの大使らは、イングランドを訪れたときのための屋敷を必要とし、その屋敷の敷地は「スコットランドのヤード（囲い地）」と呼ばれていた。

１７０７年、イングランドとスコットランドが合同したのち、１８２９年からその屋敷の場所を首都警察（ロンドン警視庁）が使い始めた。そこから、ロンドン警視庁は「スコットランド・ヤード」と呼ばれるようになった。

ライン川が、突如として90キロも短くなったのは？

ライン川は、ドナウ川とともに、ヨーロッパを代表する河川。ドイツでは「父なるライン」と呼ばれている。

そのライン川の長さが、近年、突如として90キロも短くなった。かつて百科事典などには、ライン川の長さは1320キロと記載されていた。それが現在では1233キロとなっている。

これは、ライン川の周辺の地形が変わり、じっさいの長さが変化したからではない。

ケルン大学の学者の調査によると、1932年に出版された事典に記載ミスがあり、以後の書物はその事典の数字を信じ、世界中で間違われてきたのだ。

以後、この誤記が世界中でまかり通っていたのだ。近年、調査した結果、1233キロが正しい長さとされたのである。

ナイジェリアとアルジェリアの関係は？

アルジェリアとナイジェリアは、名前はよく似ているが、特別な関係は何もない。

まず「アルジェリア」という国名は、かつてアラビア人が、海に浮かぶ島を見て「アル・ジャザイール（島群）」といったことに由来する。そこから「アルジェ」という現在の首都名が生まれ、それが国名にもなった。

一方「ナイジェリア」は、19世紀末、イギリス人のジャーナリストが、「ニジエール川」から、こう名づけた名前だ。

ベーリングが発見してないのになぜベーリング海峡？

ベーリング海峡は、シベリアの東端とアラスカの西端の間の海峡。ロシアとアメリカを分けている海峡といったほうがわかりやすいだろう。この海峡、探検家のベーリングによって発見されたので、その名になったと思う人が多いだろう。

1725年、彼は、ピョートル1世から、ユーラシア大陸とアメリカ大陸の間にある水路を探すように命じられた。古くからそこには水路があると考えられていて、「アニアン水路」と呼ばれていた。

ベーリングはアニアン水路の確認と調査に向かい、1728年、アニアン水路があることを確認する。

その功績から、アニアン水路にはベーリング海峡の名がついたのだ。

ところが、ベーリングよりも80年も前に、すでにアニアン水路を発見していた人がいたのだ。デジニョーフというロシア人である。デジニョーフの発見が伝わらなかったのは、彼がその探検中に、消息不明になったからだ。

ベーリングが海峡を発見した8年後の1736年、デジニョーフの遺した記録がシベリアで見つかる。それによって、デジニョーフがベーリング海峡を発見していたことがわかったのだが、すでに命名されていたベーリング海峡の名が変わることはなかった。ただ、デジニョーフの業績を記念して、ベーリング海峡の岬の一つがデジニョーフ岬と命名された。

なぜイギリスのティータイムは午後4時なの？

日本で「おやつの時間」といえば、普通は午後3時である。ところが、イギリスでは、3時ではなく、午後4時がティータイムの時間。なぜ、アフタヌーンティーの本場では、日本よりもおやつの時間が遅いのだろうか？

それは、夕食をとる時間が、夜の8時から9時と遅いため。イギリスでの午後4時は、ちょうど昼食と夕食の合間となる時間なのだ。

なお、この午後4時にお茶を飲む英国の習慣は、ビクトリア朝時代の1860年代にできたものだ。

なぜリチウムは南米大陸に多く眠っている？

携帯電話やデジタルカメラに欠かせないリチウムイオン電池。その原料となるリチウムの争奪戦がいま世界中で繰り広げられている。

そのリチウムは、南米大陸に偏在している。その理由は、チリやボリビアには塩湖や塩地が多いことだ。

リチウムは鉱石からも採取できるが、現在主流となっているのは、塩湖や塩地から採取する方法。塩湖の水は塩分をたっぷり含んで「かん水」と呼ばれている。かん水を天日干しすると、効率的にリチウムを集められるのだ。

「北極、南極では風邪をひかない」って本当？

南極や北極では、まず風邪をひくことがないという。

あまりにも寒いため、風邪ウイルス自体が生存できないからだ。

その話を裏付けるように、生まれてから一度も風邪をひいたことのない北方先住民の一家が、初来日したとたん、風邪をひいたという話もある。

寒いところから温かいところに来たはずなのに、かえって活発に働く風邪ウイルスにやられ、熱を出してしまったのだ。

パナマ生まれでもないのにどうして「パナマ帽」？

パナマ帽は、パナマで生まれた帽子で

はない。

もともと、隣国のエクアドルのジビジャバが生産地で、中米では「ジビジャバ帽」と呼ばれていた。

ところが、この帽子がパナマでも売られていたところ、アメリカ人観光客の人気を集め、アメリカの雑誌に「パナマ帽」として紹介されたのである。それが国際的な名となり、日本でもその名で呼ばれるようになった。

「揚子江」の名が世界に広まったのは？

「中国でいちばん長い川は？」と聞かれると、「揚子江（ようすこう）」と答える人がいるかもしれない。

しかし、この大河は本家の中国では「揚子江」とは呼ばれず、「長江」と呼ばれている。

それが「揚子江」の名で世界に知られるようになったのは、ちょっとしたコミュニケーション・ミスから。

19世紀、ある西洋人が船頭に川の名前を訊ねたところ、船頭は聞き間違えて、近くに架かっていた橋の名前を答えてしまった。

その橋の名称が「揚子橋」だったことから、「揚子江」という名が欧米で広まることになり、日本でもそれが使われてきたのである。

ダイヤが採れない「ダイヤモンド・ヘッド」の謎とは？

ハワイ・ホノルルのシンボル、ダイヤモンド・ヘッドでは、昔も今もダイヤモンドが採れたことはない。

ただし昔は水晶が採れた。そこで、あるインチキ業者が、それをダイヤモンドと称して売りだしたところから、ダイヤモンド・ヘッドという地名になったと伝えられる。

なお、パールハーバー（真珠湾）では、本当に真珠が採れた。

小都市ジュネーブに国際機関が集まっているのは？

スイスのジュネーブに本部を置く国際機関は数多い。かつては国際連盟の本部もジュネーブに置かれていたが、なぜ人口20万人ほどの小都市であるジュネーブに、多くの国際機関が集中しているのだろうか？

その最大の理由は、スイスが世界的に永世中立国として認められているから。政治的に偏りのない国にあるからこそ、中立な立場で議論をすることができるという理由からだ。

また、外交都市として発展してきたジュネーブは、国際空港が近く、市内交通もよく整備されているほか、ホテルも充実している。ジュネーブに国際機関が集中するのには、そうした利便性もあるのだ。

飛び降りて生き残ったもっとも高い場所ってどこ?

1972年1月26日、ユーゴスラビア(当時)の旅客機が、高度約1万メートルを飛行中、テロリストが機内に仕掛けた爆弾が爆発し、墜落した。

当然、全員死亡と思われたところ、墜落現場では、ヴェスナ・ブロビックという女性乗務員の生存が確認された。彼女は、両脚を骨折し、意識不明だったが、3日後に意識を回復した。ただし、墜落事故のことは、まったく覚えていなかったという。

夜の砂漠がビックリするほど寒いのは?

砂漠というと、朝も昼も1日中暑いというイメージがあるが、じつは砂漠では昼と夜の寒暖差が激しい。

それは、砂漠には植物が少なく、ひじょうに乾燥しているから。

砂漠は地表がむきだしのため、熱を蓄えることができない。そのため、昼は暑くても、夜間は急激に冷え込むことになるのだ。

これは、鉄板を火であぶるとすぐに熱くなるが、火から遠ざけるとすぐに冷めるのと同じこと。

鉄板のような砂漠では、激しい寒暖差が生じるのである。

孔子の子孫が300万人もいるのは？

孔子といえば、儒教の祖。中国には、その孔子の子孫といわれる人たちが、なんと300万人もいる。

これは、人口14億人の中国でも驚異的な数字だ。

子孫がこれだけ繁栄したのも、ひとえに孔子の偉業と人徳のおかげといえるかもしれない。

というのも孔子の説いた儒教が、中国の統治論理の基礎となったため、歴代王朝は、孔子の子孫に対して、税金を減免したり、科挙（官吏登用試験）の合否で優遇策をとってきたからだ。

そういう手厚い庇護を受けて、孔子の子孫一族は中国の各地で繁栄してきたのだ。

末広がりの〝8〟が なぜか嫌われる国がある!?

日本では「八」は末広がりで縁起がいい数字とされる。

しかし、スリランカでは8は最も嫌われる数字。

スリランカでは、8そのものはもちろんだが、80や18もダメ、17も1と7を足すと8になるからＮＧなどと忌まれ、電話番号や銀行の口座番号、自動車のナンバーなど、生活に関係するさまざまな番号で、8と8に関連する数字が避けられている。

オランダの国土が、少しずつ 広くなっているワケは?

オランダの国土は、４万２千平方キロと北海道の半分程度の広さしかない。それでも、８００年前に比べると、ずいぶん広くなっている。

オランダの歴史は、干拓の歴史でもある。

国土の4分の1は海より低い位置にあり、それを営々と埋め立て、国土を広げてきたのだ。

その〝国土建設〟は13世紀に始まり、1世紀に３５０平方キロの割合で国土を増やしてきた。

なお、埋め立て作業には排水がつきものので、その排水作業をこなすため、オランダ名物の風車が回る風景が広がったのだ。

各大陸の最高峰で圧倒的に登りやすい山は？

六大大陸それぞれの最高峰は、ユーラシア大陸は8848メートルのエベレスト（チョモランマ）、北アメリカ大陸は6190メートルのデナリ（マッキンリー）、南アメリカ大陸は6960メートルのアコンカグア、アフリカ大陸は5895メートルのキリマンジャロ、南極大陸は5140メートルのビンソンマッシーフである。

そして、オーストラリア大陸は2230メートルのコジオスコだ。他の大陸の最高峰に5000メートル以上の高山が並ぶなか、オーストラリア大陸最高峰だけは、富士山（3776メートル）よりも、はるかに低いのだ。

しかも、この山、富士山どころか、日本の2000メートル級の山々よりもはるかに登りやすい。頂上近くまで自動車道が設けられているし、歩きでもスキー場用のリフトに20分ほど乗れば、その後は登山道をぶらぶら歩いて頂上に行き着ける。

マイナス50度でも凍らない湖があるのは？

極寒の南極大陸にも、凍らない湖がある。

ドンファン池という不凍湖だ。直径300〜700メートルほどのこの湖の水は、マイナス50度以下の酷寒にさらされても凍らないのだ。

そんな現象が起きるのは、この池の水が多量の塩分を含んでいるから。塩分濃度が海水の6倍にものぼるため、ブリザードが吹き荒れても凍結しないのだ。

世界には、どんな文字があるのか？

世界には、3500の言語があり、200の文字があるといわれる。西欧諸国で使われるアルファベットは、200種類のなかの一つにすぎない。とりわけアジアには、独自の文字を持つ国が多い。

もちろん日本語もその一つ。漢字、カタカナ、ひらがなを使い分けるのは複雑で、外国人にとっては高いハードルになるようだ。

ミャンマーで使われるビルマ文字も相当の難物だ。一見すると、◯が数珠つなぎになっているようにしか見えず、ところどころに「ヒゲ」が出ている。よく見ると、○の上下左右が切れていて、その位置で文字としての意味を識別するのだ。

メキシコのチワワ州とチワワの関係は？

世界一小さな犬種チワワ。その名前は、メキシコのチワワ州に由来する。

9世紀頃、メキシコ先住民のトルテカ族の間では、「テチチ」という小型犬が飼われていた。それが、チワワの祖先だと考えられている。当時、トルテカ族は、人間が生前に犯した罪はこの犬が代わりに償ってくれると考え、テチチは死者とともに埋葬されることもあった。その宗教観はアステカ文明にも受け継がれ、テチチは引き続き大切に飼育された。ところが、スペインのコルテスによってアステカ文明は破壊され、テチチはいったん姿を消してしまう。

それがよみがえったのは、アメリカ人によって発見され、改良されたからである。

アメリカと国境を接するメキシコのチワワ州で、野生化しているところを発見され、「ペロ・チワワーノ（Perro Chihuahuano＝チワワ地方のイヌ）」と呼ばれるようになった。

赤道付近が飛行機にとってもっとも危険なのは？

赤道をはさむ北緯10度から南緯10度にかけては、気象学的には「熱帯収斂帯」と呼ばれている。積乱雲がひじょうに発生しやすい空域であり、旅客機が積乱雲の中へ突っ込めば、大きな揺れや急下降は必至。乗客にケガ人が出る恐れも大きくなる。

赤道付近で積乱雲が発生しやすいのは、その付近では、海面がほぼ真上から太陽光線を浴びているから。温められた海上の空気は膨張し、軽くなって上空へ舞いあがっていく。すると、その下には周辺から空気が入りこんでくるが、その空気がまた熱せられて上昇する。その繰り返しによって、次々と上昇気流が生まれ、巨大な積乱雲が湧き上がるのだ。

荒川はないのになぜ「荒川区」なのか？

荒川区に荒川は流れていない。

その理由は、荒川区内に流れていた荒川の名前が変わり、現在は「隅田川」になっているから。

かつて荒川は、たびたび洪水を引き起こす川として、人々を悩ませていた。そ

8 地理

こで、人工河川の「荒川放水路」を建設して、旧荒川を分流させて水流をコントロールしたところ、ようやく水害をなくすことに成功。

その後、足立、葛飾、江戸川区を流れる荒川放水路のほうを「荒川」と呼び、もともとの荒川の下流を「隅田川」と呼ぶようになった。

こうして荒川区は、その名に反して、「荒川」のない区となったのである。

路面電車が走る土地は誰のもの？

街中を走っていく路面電車。そのレールが敷かれた土地は、誰のものだろうか？

路面電車は、自動車と一緒に国道や県道の上を走るので、線路が敷いてあっても、その土地は国道であれば国のもの、県道であれば県の所有地になる。路面電車会社は、その道路上を走る権利を国や県から得て運行しているのだ。

では、国や県のものなら使用料を支払っているかというと、そのあたりは微妙である。軌道法第４条には「道路の占有料は命令の定むるところによる」と書かれていて、「命令」がないかぎり、支払う必要はないからだ。現実には、公共性を鑑みて、使用料を免除されているというのが実状だ。

日本で一番地震が起きにくい地点は？

いつ、どこで大地震が起こっても不思議ではない地震大国日本。そんな日本でも、地震が起きにくい場所があるのなら住んでみたいものだが、そのような場所は存在するのだろうか？

地震学者によると、日本のどこにいても、地震にあう可能性は十分にあり、安全な場所を特定するのは難しいという。それでも、あえていうなら、北海道のオホーツク沿岸だけは、地下に眠るプレートの性質が違うため、日本にしてはめずらしく、大地震が起こる可能性が低い場所とされてきた。ただし、震源から離れていても津波などの被害にあうケースも多い。どこにいても災害への備えは欠かせないというのが結論。

東京の信濃町と長野県の関係は？

東京都新宿区の「信濃町」は「しなのまち」と読む。ＪＲの駅名にもなっているが、東京の真ん中にあるのに「信濃（長野県の旧国名）」なのは、江戸時代、永井信濃守（しなののかみ）の別邸があったからである。

信濃守の屋敷一帯が「信濃殿町」と呼ばれ、やがてそれが縮まり、「信濃町」となった。

ただ、永井信濃守は大和櫛羅(くじら)藩主（一万石）であり、領国は大和（奈良県）。信濃の国とは縁もゆかりもなかった。

どうして太秦が映画の中心地になったのか？

京都の太秦(うずまさ)で映画作りが始まったのは、1926年（大正15）のこと。

阪妻プロダクション、千恵蔵プロ、日活、松竹、東映、大映が次々と撮影所をかまえ、太秦は、映画の都ハリウッドになぞらえ、「日本のハリウッド」と呼ばれるようになった。

当時、京都に次々と映画撮影所が建てられたのは、まず、時代劇に必要なカツラや衣裳、小道具などを作る伝統的産業があったこと。

さらに、〝千年の都〟だけに歴史的な場所や寺社があり、時代劇のロケ場所に困らないことが理由だった。

「プラモデルの90％を作っている県」ってどの県？

静岡県静岡市は、プラモデルの全国シェアナンバーワンの県として知られている。そのシェアは、なんと83％以上。タミヤ、アオシマ、バンダイ、ハセガワといったプラモの有名メーカーは、軒並み静岡市とその近隣に本社や工場を置いているのだ。では、なぜこれほどまでに、プラモデル産業は静岡市に集中したのだろうか？

それは、戦後になってプラモデルが欧米から輸入されたとき、いちはやくその波に乗ったのが、静岡市のメーカーだったから。

静岡はもともと、木製模型飛行機の製造で有名な地域だったが、木製からプラスチックにうまく素材転換したおかげで、プラモデルのシェアの大半を奪うことになったのである。

「食品サンプルのシェア60％を占める街」ってどの街？

デパートのレストラン街などで見かける、本物そっくりに作られた食品サンプル。

パスタやラーメン、ドリンク類やデザートまで、あらゆる料理模型がそろっているが、じつはそれらのほぼ6割は、岐阜県の小都市で作られている。人口4万2000人ほどの、山に囲まれた静かな街、岐阜県郡上市である。

きっかけは、岩崎瀧三という人物が、

昭和初期に食品サンプル生産の事業化に成功したことにあった。郡上市は、そんな岩崎の故郷だったのである。岩崎が、この地に食品サンプルの部品工場を建てたことをきっかけに、郡上市は市場シェア60%を誇る一大産地へと成長してきた。

渋谷「道玄坂」の名前に隠された意外な人物の正体は？

渋谷区道玄坂といえば、飲食店などが立ち並ぶ、東京でも人気の観光スポット。ショッピングビルの109があるなど、若者から大人まで連日多くの人でにぎわっている。

しかし、江戸時代までさかのぼると、意外にも、そこは追いはぎが出るほど、人通りの少ない場所だった。坂にあった洞窟に、大和田道玄とよばれる盗賊が住みつき、やがてその名前が坂につけられたほどだ。

おしゃれな店が立ち並ぶ現在の姿からはまったく想像もつかないが、道玄坂のルーツは、この地に住んでいた盗賊の名前にあったのである。

十二湖、十三湖があって、十一湖がないのは？

青森県には十二湖（じゅうにこ）と十三湖（じゅうさんこ）がある。十二湖は同県の南西部、十三湖は北西部に位置する。十二湖、十三湖と数字がつづくのなら、十湖や十一湖があってもよさそうだが、なぜか十湖や十一湖は存在しない。

そもそも、十二湖と十三湖には何の関係もなく、十二湖と十三湖の名の由来もまったく異なるのだ。

まず、十二湖は湖沼群の総称で、正確には23の湖沼がある。それなら、二十三湖となってもよさそうなものだが、〝ある地点〟から見ると、12の湖沼しか見えないので十二湖となった。

そのある地点とは、湖の東、崩山（くずれやま）の山頂である。

もともと十二湖は、崩山が崩壊したとき、その土砂が川をせきとめてできたもので、その山頂からの風景が十二湖という名の由来となったのだ。

一方、十三湖のほうは、湖沼の数とは関係がなく、湖口にある港の名に由来するという説が有力だ。

かつて、十三湖の湖口には「とさみなと」と呼ばれる港があり、栄えていた。その「とさみなと」に「十三湊」の漢字が当てられ、十三湊がある湖だから「十三湖」と漢字で書かれるようになり、「とさこ」という読み方がいつのまにか「じゅうさんこ」と読まれるようになったとみられている。

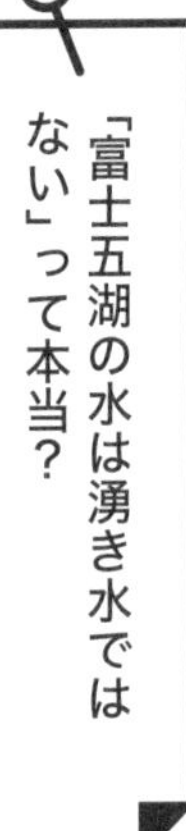

「富士五湖の水は湧き水ではない」って本当?

富士山の北側の麓には、富士五湖が並んでいる。山中湖、河口湖、西湖、精進湖、本栖湖の五つの湖である。以前は、その富士五湖は富士山の湧き水によって生まれてきたとされていた。ところが近年、この定説に疑問符がついている。

山梨県の環境科学研究所の調査によれば、富士五湖の水とその周辺の湧き水では、成分が異なっているのだ。とくに異なっているのは、バナジウムの含有量だ。まず、湧き水のほうは、地中を数十年にわたって流れる間に、地中のバナジウムをたっぷり吸収している。一方、富士五湖の水は、バナジウム含有量が湧き水の12分の1から120分の1ほどしかないのだ。

そこで、ここから先は推論になるが、富士五湖の水は富士の湧き水ではなく、富士の地表を流れ落ちてくる雨水や雪解け水が集まったという説が有力になりはじめている。

地震がきっかけになって誕生した、世界一短い市名とは?

世界一短い市名は、日本にある。

三重県の県庁所在地である津市だ。「津」はカタカナ音では「ツ」と一文字で、シンプルだ。ただし、英語で書くと「Tsu」となり、三文字になってしまう。これでは世界一短いことにならないので、津はギネスブックには「Z」で登録している。これでも「ツ」と読めるのだ。

津市の歴史をさかのぼると、かつて、津周辺は、安濃津（あのつ）の名で知られ、博多津、坊津（ぼうのつ）とともに三津と呼ばれる名港だったが、15世紀の地震で港が崩壊、いったん小さな村になってしまった。以後、ただの「津」と呼ばれるようになったのだが、後に城下町として復活、県庁所在地にも選ばれて、現在に至っている。

なお、JRと近鉄の「津」駅は、世界一短い駅名となっている。

大都市圏の「都道府県の木」にイチョウが多いのはどうして？

各都道府県には、シンボルとなる「県木」がある。

山形県は「サクランボ」、香川県は「オリーブ」という具合だ。それぞれ、土地ゆかりの樹木を選んでいるわけだが、なぜか東京都、大阪府、神奈川県といった大都市圏は、いずれも「イチョウ」を都府県の木にしている。

その理由は、それらの都府県がまさしく大都会だからである。イチョウは排気ガスなどの公害に強い丈夫な樹木。そこで、都市圏では街路樹として植えられることが多いため、最も目立ち、その都府県を代表する樹木になったのである。

川の「本流」と「支流」はどうやって決める？

川の本流と支流は、どのように決められているのだろうか？

一般的な定義では、「本流（本川）」は、流水量、長さ、流域の大きさが、他と比べて大きい川で、直接、海に流れ込んでいること」が条件になる。また、「河口から水源をたどったときに、不自然に流れていないこと。合流点や分流点で、極端にうねったり角度を変えていないこと」などとされている。

以上の定義と、地元で古くから本流とされてきた流れを照らし合わせると、ほとんどの場合は一致する。

琵琶湖は〝三重県生まれ〟ってホント？

日本最大の湖・琵琶湖ができたのは、約400万年前のこと。地殻変動によって土地が大きく陥没したところへ、河川の水が流れ込んだとみられる。ただ、最初にできた場所は、現在の三重県上野地方で、その後しだいに北上。比良山(ひらさん)系に止められる形で、現在の位置にとどまることになった。

なお、琵琶湖は現在も年間数センチずつ北上している。数百万年後には、日本海に抜けて消滅するとみられている。

リアス海岸の由来になった海岸ってどんなところ?

宮城県・岩手県の三陸海岸や福井県の若狭湾などは、リアス海岸と呼ばれている。海岸線が複雑に入り組み、入り江や湾が多いことが特徴だ。

この「リアス」という言葉のルーツは、スペインのガリシア地方の海岸にある。ガリシア地方は、スペインの北西部にある海岸線が複雑に入り組んだ地域だ。そして、それらの湾には、「Ria de Arosa(アロサ湾)」「Ria de Vigo(ヴィゴ湾)」というように、「Ria de～」で表記されるものが数多くある。

この「Ria」は、スペイン語で「入り江」という意味で、これがリアス海岸の語源となった。

なお、かつては「リアス式海岸」と呼ばれていたが、今は「式」のとれた「リアス海岸」が正式名称になっている。

最近になって、政令指定都市が続々と誕生した事情とは？

2000年代にはいって、日本では政令指定都市が急増した。2006年には堺市、2007年には新潟市、浜松市、2009年には岡山市、2010年には相模原市、2012年には熊本市とつづいている。

政令指定都市が増えたのは、一つには条件が緩くなったからである。かつては百万都市を基準としていたが、いまは「将来、百万人を超える見込みのある80万人以上の都市」でOKだ。

実際には、他に特例のルールもあって、70万人以上で政令指定都市に昇格している。

これには、市町村合併を推し進めたいという国の意向が働いている。一方、市側にとってのメリットは、政令指定都市になると、法律上、都道府県から権限を委譲されることと、イメージアップを図れることにある。

要するに、〝大都市〟であるとイメージアップして企業を誘致し、税収を増やすとともに、権限を委譲されることで、自立性を高めることをもくろむ自治体が増えて、政令指定都市が急増することになったのだ。

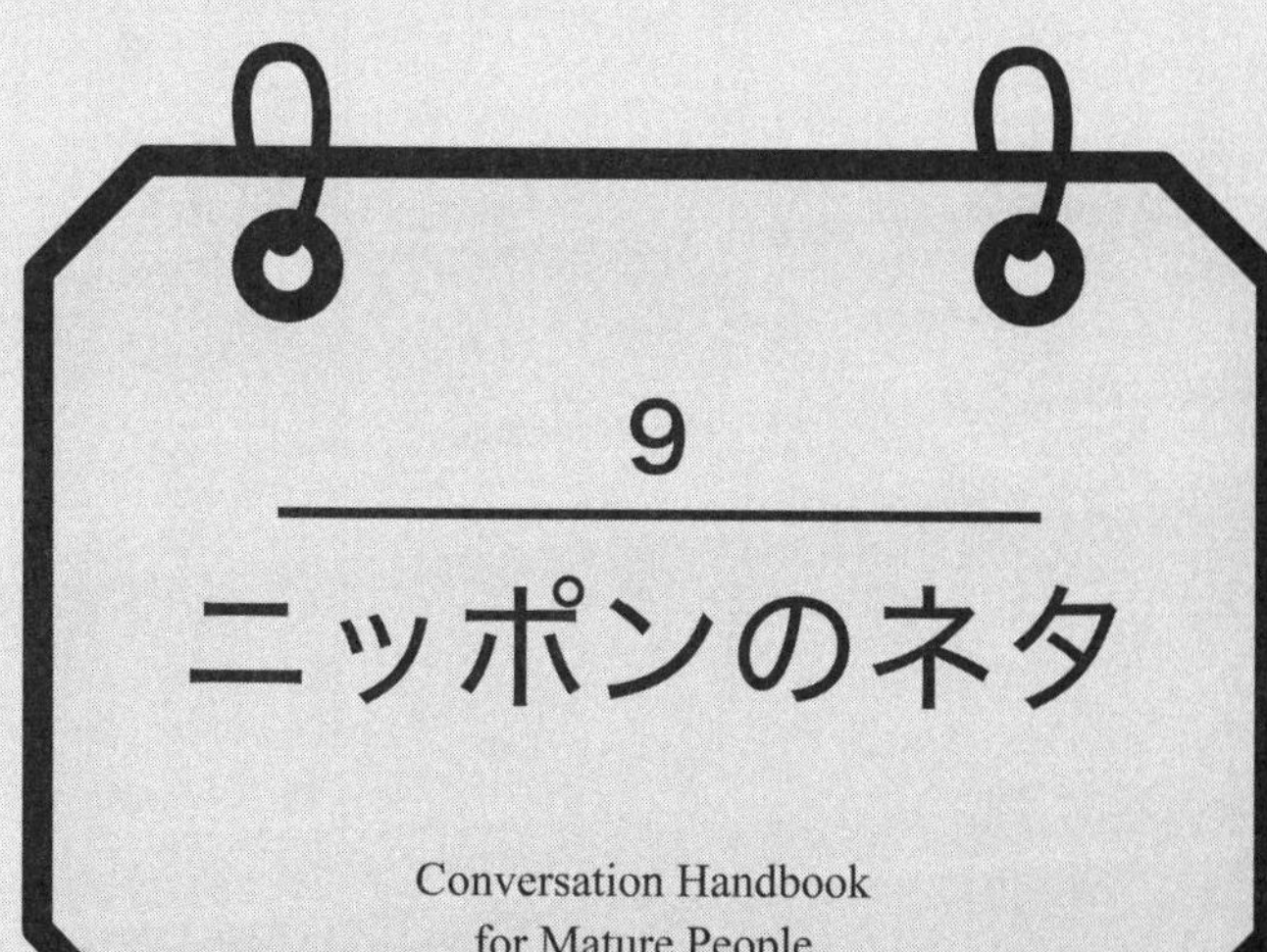

9

ニッポンのネタ

Conversation Handbook for Mature People

両手を合わせる「合掌」には、どんな意味がある？

寺院にお参りしたときや、仏壇の前では、両の掌(てのひら)を合わせて「合掌」する。これは、世界中の仏教界で行われている作法で、タイなど仏教徒の多い国では、日常生活でも挨拶代わりに合掌する。

合掌のルーツは、古代インドのマナーにあるとみられる。仏教の誕生以前からあったそのマナーが仏教に取り入れられ、独自の意味をもつようになる。

仏教では、右手は清らかな仏の手であり、左手は穢(けが)れた衆生の手と考える。その仏の手と衆生の手を合わせることによって、仏と衆生が合体するという意味が生じたのだ。

「お遍路さん」はどうして八十八ヵ所をめぐるのか？

この四国の霊場八十八ヵ所巡りは、弘法大師が42歳の厄年に、四国の寺々を一巡したことに由来する。

この「八十八」という数字は、男42歳、女33歳、子ども13歳の厄年を合わせたものという説もあれば、貪欲や怒りなど八十八の煩悩と穢(けが)れを指すという説もある。

いずれにせよ、この巡礼の目的は、そ

うした煩悩や穢れを断ち、心身ともに清らかにして、「同行二人（どうぎょうににん）」といわれるように、常に弘法大師と二人連れという気持ちで歩くことにある。

なぜ「ひな祭り」「こどもの日」「七夕」は必ず同じ曜日になる？

3月3日のひな祭り、5月5日のこどもの日、そして7月7日の七夕は、いずれも子どもたちが楽しみにしている日。では、これらの日が、毎年、同じ曜日になることをご存じだろうか？

たとえば、2023年はいずれも金曜日となる。

こんなことが起きるのは、いずれの日も、1月1日から起算した日数を「7」で割ると、閏年以外では、余りが「6」となるからである。

1月1日から起算すると、3月3日は62日目、5月5日は125日目、7月7日は188日目となる。

これらの日数を1週間の日数である「7」で割ると、どれも余りが「6」となるため、必ず同じ曜日になるというわけだ。

さらに閏年であっても、いずれの日も閏年のある2月よりも後のため、元日から起算した日数を「7」で割るといずれも割り切れて、やはり同じ曜日となる。

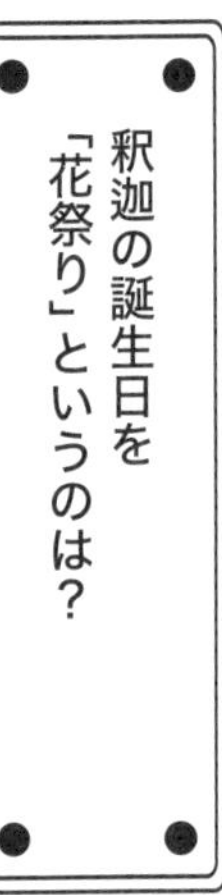

釈迦の誕生日を「花祭り」というのは？

4月8日は釈迦の誕生日とされ、日本仏教界では主に「花祭り」と呼ばれている。

この日がそう呼ばれるのは、寺の境内の花御堂に、さまざまな花が飾られることから。花を飾るのは、もとは浄土宗独自のスタイルだったのだが、いつしか他宗派にも取り入れられて定着した。

花御堂のなかには、水盤の上に銅製の釈迦の誕生像が安置されている。参詣客は、甘茶を竹杓に取って、釈迦像の頭上に注いで拝む。甘茶をかけるしきたりは、釈迦の誕生に際して、竜王がお祝いに香水を注ぎかけたという伝説にもとづくものだ。

死者に三角頭巾をつけるのはどうして？

死者に死装束をほどこすさい、頭に白い三角頭巾をつける風習が残っている。この三角頭巾には、「魔よけ」の意味があり、そのルーツは、平安時代に盛んだった陰陽道にあるとみられる。

平安時代、安倍晴明に代表される陰陽師たちは、儀式を行うさい、悪霊を追い払うために、絹製の三角布を頭につけていた。そこから、やがて葬儀に参列する人々が、魔よけのため、額に三角の頭巾をつける習慣が生まれ、やがて死者のほうがつけるようになったと考えられている。

そもそも節分に「豆」をまくのは?

ご承知のように、節分の日には、豆をまいて、邪気を払う風習がある。これは、中国伝来の「追儺（ついな）」という行事に由来するもの。

疫病や災害をうち払うため、鬼の面をかぶった人を桃の弓や葦（あし）の矢で追い払う行事で、中国では大晦日に行われていた。

それが、日本古来の行事と結びついて、現在の節分行事のスタイルへと変化してきた。

日本の節分で豆をまくのは、疫病や邪気のシンボルとされた鬼を追い払うため。豆が選ばれたのは、寒さの厳しい節分の時期に大豆を食べて、たんぱく質を補給するという意味があったとみられる。また、鬼の目を攻撃することを「魔目＝豆」とシャレたからという説もある。

端午の節句は、本来、誰のための行事だった?

5月5日の端午の節句には、菖蒲湯に

入る習慣がある。

どんな由来から生まれたしきたりだろうか？

そもそも、端午の節句は、本来、男の子だけの祭りではなく、中国では病気や厄をはらう節句の日とされていた。その日には、菖蒲を門に吊るし、菖蒲酒を飲んで厄を払う風習があったのだ。

一方、日本では、「五月忌み」といって、田植えのはじまる前に、若い女性が家にこもり、身を清める行事が行われていた。

この二つの風習が結びついて生まれたのが、日本風の端午の節句である。今は男の子の日である端午の節句は、本来は女の子の厄払いの日だったというわけである。

それが、男の子の祭りに変わりはじめるのは、平安時代に入ってからのこと。さらに、武士の時代を迎えると、菖蒲が「尚武」や「勝負」と同音であることから、男の子の日という色合いが、さらに強まったのである。

静かな神社で、柏手を打って音をたてるのは？

神社では、拝礼するときに柏手を打って、パーンパーンと音を立てる。なぜ、静かな境内で、手を打ち、音を出すのだろうか？

これには、音を立てることによって、神様の注意を引きつける意味があるといわれる。

神に自分が来訪したことを告げるため、玄関ブザーの代わりに手を打つというわけだ。

七夕には、なぜ「五色」の短冊に願いを託す？

七夕の日といえば、願い事を記した五色の短冊を笹竹に結びつけて飾る風習がある。

これは、中国の風習にならったもの。唐の時代、竹の先に赤、青、黄、白、黒の五色の糸をかけるという風習があった。それらの色にはそれぞれ意味があって、赤は「火と礼」、青が「木と仁」、黄が「土と信」、白が「金と義」、黒が「水と智」をあらわす。

その風習が平安時代になって日本に伝わると、公家たちは五色の糸から五色の絹布を織り、それらを笹竹に飾りつけて、書や楽器、詩歌など芸事の上達を祈るようになった。

江戸時代には、その風習が庶民の間にまで広まって、五色の短冊を結んで飾るようになり、やがて短冊に願い事を書くという現世利益（りやく）的な習慣に変化した。

かつて十二支には「パンダ」が入っていた!?

子、丑、寅、卯、辰、巳、午、未、申、酉、戌、亥の十二支は、もともと、中国古代の殷（いん）の時代に作られたもので、紀元前3~5世紀の戦国時代にそれぞれの干支に動物が当てられた。以来、2000年以上にわたって受け継がれてきたが、中国では一時期、「辰」に代わって「パンダ」が十二支に含まれていたことがある。

というのも、十二支のうち「辰（龍）」だけが架空の動物で、しかも帝王のシンボル。そこで、1970年代の文化大革命の時代に、辰は人民共和国にふさわしくないと、パンダに代えられたのだった。ただし、文化大革命が終わると、すぐに辰に戻された。

「七福神」の出身地はそれぞれどこ?

宝船に乗った七福神は、さまざまな国出身の神様の集まり。まず、大黒天はインド神マハーカーラと日本の大国主命が結びついたもの。弁財天はサラスヴァティという神で、毘沙門天は四天王の1人。ここまではインドの神だ。

寿老人と福禄寿はもともとは同じ神で、中国の南極老人星信仰をもとにしている。布袋は中国の禅僧・契此がモデルとされる。そして、恵比寿は唯一、日本生まれの神様だ。

そもそも、なぜ盆踊りは踊るのか？

盆踊りの由来をめぐっては、『盂蘭盆経』という経典に次のような記述が残されている。

釈迦の弟子である目連には、死後の世界を見ることができる力があり、彼はその能力によって、亡くなった母親が地獄で苦しんでいることを知る。目連は、母を救うために修行に励み、やがて7月15日に釈迦の弟子を集め、供養をした。その功徳が報われて、母は極楽浄土へ行くことができたという。

それを知った目連と弟子たちは、歓喜のあまり踊り出した――それが、盆踊りの始まりとされる。

しかし、現実には、盆踊りのような集団で踊る習慣は、仏教が広まる前からあって、仏教にのみ由来するとはいえない。月夜に男女が集まって輪をつくってぐるぐる回りながら踊って収穫を喜ぶ――そういう民衆の夏の楽しみは、仏教が生まれるはるか昔から存在した。

立秋におはぎを食べるのは何のため？

立秋は例年、8月8日頃。昔、この時期は、実りの秋を間近にした収穫前夜にあたった。

そこで、収穫を無事に終えられるよう、農家では栄養のあるものを食べて休息をとった。

そのさい、餅をついておはぎを作り、自分たちも食べ、また神に供えたのである。

そこから、立秋におはぎを食べるというしきたりが生まれてきたのだ。

七五三が11月15日に行われるようになったのは？

七五三が11月15日に行われるようになったのは、江戸時代の元禄年間（1680～1709）のこと。それ以前にも、七五三のような行事はあったが、特定の日に行うというしきたりはなかったのである。

11月15日に固定されるきっかけをつくったのは、五代将軍・徳川綱吉である。その跡取りである徳松の「髪置き」のお祝いを1681年（天和元）の11月15日に行ったことをきっかけにして、以来、庶民も、この日に七五三の行事を行うようになった。

といっても、庶民の子どもが晴れ着を着るようになったのは、さらに後のこと。江戸の呉服屋が「七五三」の習慣を宣伝し、七五三用の晴れ着を売り出した。その宣伝に、金持ちの武家や商家などがまんまと乗せられて、子どもに晴れ着を着せて祝うスタイルが誕生したのである。

冬至の日にゆず湯に入るのはどうして？

冬至の日には、ゆず湯に入るしきたりがある。これは、体調を崩しやすい冬場の無病息災を願う習慣だ。香りの強いゆずの実を浮かべた湯に入ることには、邪気を払う禊（みそ）ぎの意味がある。しかも、ゆずには薬効があり、しもやけやあかぎれなど、冬特有の諸症状によく効くし、万病のもとになる風邪の予防効果もある。

また、ゆずを「融通」にかけて、「融通をきかせて世間を渡る」「金銀を融通する」といった縁起かつぎの意味合いも生じて、世間に広まることになった。

三三九度の「3」と「9」にはどんな意味がこめられている？

神前結婚式では「三三九度」の儀式が

行われる。

その作法は、大中小の三つの盃がワンセットになったものに、巫女が小さい盃（第一献）からお神酒を注ぎ、新郎が飲んだら、新婦がそのあとに飲む。そのさい、巫女は酒を三回に分けて注ぎ、飲むほうも三口に分けて飲み干す。同じように、中の杯（第二献）、大の杯（第三献）と繰り返し、三つの盃を三口ずつで飲むところから、三三九度と呼ばれる。

この儀式で「3」という数字にこだわるのは、中国から伝わった数字信仰に由来する。中国では、3を含めて奇数は陽数とされ、陽数を重ねるのは縁起がいいこととされてきた。そこで、めでたい結婚式では、3という陽数にこだわって、儀式を進めるというわけだ。

還暦を赤ずくめで祝うのはなぜ？

還暦の祝いは、数えで61歳の祝い。生まれてから61年で、ふたたび生まれた年の干支に戻る。暦が還るところから「還暦」と呼ばれる。

還暦の祝いでは、祝われる当人は赤い頭巾をかぶり、赤いちゃんちゃんこを羽織り、赤い座布団に座る。還暦を赤ずくめにして祝うのは、赤がめでたい色だから。赤は太陽の色であり、生命力のシンボル。今後も健康に生きられるよう、赤色を着るのである。さらに赤は、魔除けの色でもある。災いがないようにという意味もあるわけだ。

フォーマルなパーティーで履いてはいけない靴は？

欧米のフォーマルなパーティーでは、いまも革靴はタブー。その理由は、靴墨で女性のドレスを汚す恐れがあるからだ。

フォーマルな席に革靴を履いていくときには、どうしても靴墨で磨くことになる。すると、女性をエスコートしたり、ダンスを踊るさい、靴墨が女性のドレスについてしまうことがあるのだ。

そこで、フォーマルな席では、男性はエナメルの靴を履くのが、いまも常識になっている。エナメルの靴なら、靴墨を塗らないので、女性のドレスを汚す心配はないのだ。

「胴上げ」が初めて行われたのは？

2023年のWBCで、日本が優勝したときにも、胴上げが行われたが、じつはこの胴上げ、由来がはっきりしない。

まず、相撲の世界では、古くには、場所前に招いた神様を天に送り返すため、場所後に行司を胴上げしていた。また、江戸時代には、年越しの行事を終えた寺院や、新入りを迎えた大店などで胴上げが行われていた。

プロ野球で胴上げが行われるようになったのは戦後のことで、それをきっかけに他のスポーツにも広がることになった。

しかし、だからといって、胴上げが日本の伝統とは言い切れない。欧米でも、イギリスのオックスフォード大とケンブリッジ大によるボートの対抗戦で、古くから勝者の胴上げが行われていたし、1927年には、大西洋の横断飛行に挑んだアメリカ人女性をパリの群衆が胴上げしたという記録もある。少なくとも19世紀頃には、世界のあちこちで胴上げは行われており、どこが発祥の地か確定していないのだ。

千手観音の手は、じっさいには何本ある？

千手観音というと、千の手を持った観音像をイメージするが、現実の千手観音像の姿はそれとは異なる。千の手を持っているのは、奈良の唐招提寺の観音像など、ごくわずか。他の千手観音像は千からほど遠く、多くは40本程度しか手を持っていない。

それでも、以下のような理屈から、観

音像は1000本の手を持つことになるという。鍵となるのは、40という数だ。観音像の場合、1本1本の手が「二五有界」に差し伸べられ、衆生救済すると考えられる。つまり、1本の手が25の世界に差し伸べられるのだから、40×25で1000の手があるという計算になるのだ。

むろん、1000本の手をつくるには大変な労力を要するので、この理屈がつくり手に方便として利用されたのだ。

釈迦如来像がシンプルで、菩薩像がゴージャスなのは？

仏像のうち、釈迦如来像は、ほかの仏像にくらべてデザインがシンプルなのが特徴である。

ほかの仏像は、さまざまに装飾され、手には何か道具（持物（じもつ））を持っていることが多いが、釈迦如来像は簡素な布を1枚体にまとっているだけで、足元は裸足だ。

釈迦如来像は、釈迦が王子という地位や財産を投げ打って出家した姿をモデルにしているため、布1枚きりしか身にまとっていないのだ。

一方、菩薩像は見た目がゴージャスなのが特徴である。宝冠をかぶったり、ネックレスや腕輪を身につけたり、さまざまな持物も手にしている。これは、出家前、王子の座にあった釈迦の姿をモデルにしているからだ。

お地蔵さんのよだれ掛けに赤色が多いのは？

お地蔵さん（地蔵菩薩）は、子どもとの結びつきが強い仏様である。江戸時代の民間信仰では、親より先に死んだ子は罪深く、地獄に落ちるとされたが、そんな子どもでも救ってくれるのがお地蔵さんだと考えられていた。乳幼児の死亡率が高かった当時は、子を亡くした親たちはお地蔵さんに願をかけたのである。

そのお地蔵さんには、よだれ掛けをつける風習があるが、地蔵菩薩に関する経典に、よだれ掛けの話は登場しない。お地蔵さんによだれ掛けをつける風習は江戸時代の民間信仰によって広まったものだ。

そのよだれ掛けに赤色のものが多いのは、「赤ちゃん」に由来する。死んだ赤ちゃんが使っていたよだれ掛けをお地蔵さんにつけることで、救うべき子どもの匂いを覚えてもらうという意味がこめられていたのだ。

ただ、現在では、赤色以外にも、さまざまな色や柄のよだれ掛けが用いられている。

10

理系のネタ

Conversation Handbook
for Mature People

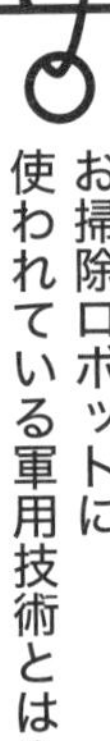

お掃除ロボットに使われている軍用技術とは?

お掃除ロボットの草分けとはいえば、アイロボット社の「ルンバ」。同社は、マサチューセッツ工科大学で人工知能を研究していた3人の科学者によって、1990年に創立された。人工知能を搭載したロボットの開発をはじめ、1991年には地球外探査ロボット、1996年には地雷探知ロボットを開発。後者は、第二次湾岸戦争でも使われた。

そのアイロボット社が、ルンバの第一号機を開発したのは、2002年のこと。その中心的な技術は、地雷探知ロボットでつちかわれたものだった。

家中の掃除をするには、床面をくまなく動き回る必要があるが、それは地雷を探知するため、決められたエリアを残すところなく探索する技術とそっくりだったのだ。

冬場、エアコンを冷房20度に設定したら、暖かくなる?

真冬に冷房を使うと、室内の温度はどうなるのだろうか? たとえば「冷房20度」に設定すると、冬場の室温はそれ以上に下がっているのだから、暖かくなるのだろうか？

むろん、通常は暖かくはならない。冷房の場合、吹き出し口から出てくる冷気の温度は摂氏5度ぐらい。

だから、室温が5度以上ある場合には、冷房をつけると、室温は下がることになる。

一方、日本ではまずありえないが、室内がマイナス何度にまで冷えているときには、〝暖房効果〟も期待できる。

もっとも、いまどきのエアコンは、マイコンを内蔵し、室内外の気温差などをセンサーでキャッチして動くタイプも増えているので、真冬に冷房を入れても、動かない場合もある。

「人の気配」は科学的に説明できるか？

人が近づいてきたとき、その〝気配〟を感じることはないだろうか？　何の物音も聞こえないのに、ふと「誰か向こうから来るな」と思ったら、角を曲がって人が現れたりすることもある。

この〝気配〟の正体は、人や動物などの生物の周りを包んでいる弱い〝電界〟ではないかと考えられている。

人が動こうとしたとき、脳は神経や筋肉に電気信号を送る。そのとき、ごくわずかだが、電気信号が身体の皮膚表面に現れることが知られている。その体を取り巻く電界のわずかな変化が、離れたところにいる人間の電位にも影響をおよぼす。

それが「人の気配を感じる」理由かもしれない、というわけだ。

洗濯物が乾くときにする「音」とは？

どれほど耳のよい人でも、「洗濯物が乾く音」を聞くことはできない。しかし、特殊なマイクを使うと、その音を拾うことができる。はたして、どのような音なのだろうか？

答えは「ギギ、ギギ」という布がきしむ音。繊維が含んでいた水分が蒸発し、繊維が縮むとき、そのような微音を発するのだ。

なお、その特殊なマイクが開発されたのは、1998年のこと。アリやダンゴムシの足音といった通常では聞こえないわずかな音まで拾えることから、「昆虫マイク」と呼ばれている。

なぜ電子レンジの窓は中が見えにくいのか？

電子レンジは、食品内部に含まれる水分にマイクロ波が作用して、加熱する調理器具。

ところが、電子レンジには、ひとつ使い勝手がよくない点がある。ドアの窓から中がよく見えないことだ。

むろん、わざと見えにくくしているのだが、それは内部がよく見えるようにと、ドアを透明にすると、マイクロ波が透過して外にもれ出す恐れがあるためだ。マイクロ波が近距離で人体に頻繁に当たれば、害をおよぼす危険性がある。

そこで、マイクロ波を外へ漏らさないため、かつてはドアの内側に鉄の板が置かれていた。

しかし、それでは中の様子がまったく見えないため、鉄の板に小さな穴がたくさん開けられた。

そうすることでマイクロ波が漏れ出すのを防ぎながら、小さな穴から内部の様子をある程度はうかがえるというわけである。

ちなみに、調理の途中にドアを開けたときには、電気が止まってマイクロ波が出ない仕組みになっているので、危険性はない。

電子レンジで氷をチンするとどうなる?

電子レンジは、マイクロ波という電磁波の一種によって、食品に含まれる水分だけを熱する仕組みになっている。だから、水分が含まれていないものは、熱くならない。

氷の場合は、水の固まったものではあるが、固体化しているため、マイクロ波に共鳴しない。電子レンジで1分程度チンしても溶けることはないのである。

ただし、氷の表面に少しでも水分がついていれば、そこから熱が発生し、氷全体が溶けてしまう。

ボディソープ、ハンドソープと普通の石鹸はどこが違う？

ボディソープやハンドソープは、従来の固形石鹸とどこがどう違っているのだろうか？

まず、最近のボディソープには、オイルやエキス類がたっぷり加えられて、洗い上がりにしっとり感が増すように成分調整されている。また、ハンドソープには、衛生上の理由から殺菌成分が含まれている。

さらに、最近のシャンプーになると、石鹸成分はほとんど使われていない。合成界面活性剤が主成分なのだ。

合成界面活性剤が多く使われているのは、そのほうが髪の洗い上がりがしっとりと落ち着くためだという。

航空機のタイヤに、窒素ガスが詰められているのは？

旅客機など、航空機のタイヤには、車用とは違って、空気ではなく、窒素ガスが詰められている。

なぜだろうか？

その理由のひとつは、窒素ガスが不活性ガスであり、部品を錆びさせる（酸化させる）おそれがないこと。金属部品などの劣化を防げるのだ。

一方、タイヤに空気を詰めると、酸素を含んでいるため、関連部品が錆びやすくなるのだ。

また、航空機のタイヤは、着陸時、滑走路との摩擦熱によってひじょうに高温になる。

その際、空気を注入していなければ、火災や爆発のリスクが低くなる。

また、タイヤの表面が高温になったとき、空気を入れておくと、空気が膨脹し、パンクするリスクが高まる。一方、安定的な窒素ガスだと、そのリスクも小さくできるのだ。

また、窒素ガスは、タイヤから漏出する量が、空気よりも少ない。その分、ガスを充塡する頻度を少なくできるので、その点でもコストをおさえることができる。

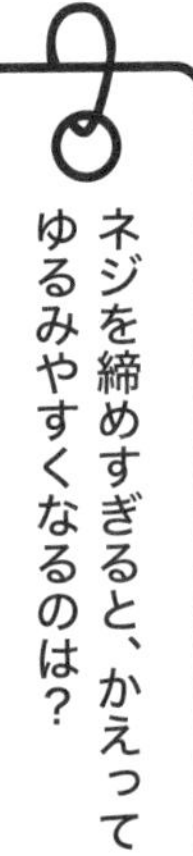

ネジを締めすぎると、かえってゆるみやすくなるのは？

ネジを締めるとき、強く締めるとかえって早くゆるんだという経験はないだろうか？

ネジがゆるむか、ゆるまないかのポイントは、ネジの座面にある。ネジの座面とは、ネジ頭の裏側、ネジを締めた土台と接する部分のことである。

素人は、土台に食い込むギザギザのネジ山が、ネジを固定するポイントと思いがちだが、じっさいは座面と土台の間の摩擦力がより大きく影響する。ネジを強く締めすぎると、土台が陥没したり、表面のわずかなデコボコがつぶれたりして、摩擦力が低下する。その結果、振動を受けるたびに座面がすべり、ネジがゆるんでいくのだ。

いまのカメラで「赤目」現象が起きにくくなったのは？

友人の笑顔をカメラで撮ったのに、現像したら「赤目」になっていたということがある。

「赤目」現象は、写真に撮ったとき、人の瞳が赤くなってしまう現象のことで、夜間の撮影で起きやすい。

赤目現象が起きるのは、夜間撮影時にストロボをたくからだ。ストロボの光は被写体となる人の瞳孔に飛び込み、反射してカメラに戻っていく。そもそも暗い場所では、人の瞳孔は、より多くの光を集めようとして大きく開いている。そこにストロボの光が飛び込んできても、人は瞳孔を閉じることができない。すると、できあがった写真には、大きく瞳孔が開いた目が映ることになる。

目の奥には無数の毛細血管が走っているので、その赤みが赤目現象となって現れるのだ。

最近のカメラはストロボを強く光らせるまえに、ちょっとだけ光らせる機能が備わっている。その光のまぶしさに瞳孔が閉じ気味になったところで、ストロボをたくと赤目現象が生じにくいのだ。

草食動物は夜の生活も〝草食系〟か?

近年、日本の若者は〝草食化〟したといわれる。異性にがつがつしたところがないことが、その特徴のひとつとされるが、現実の草食動物も、やはりその面では〝草食系〟なのだろうか?

それが、まったく違うのである。たとえば、ウサギは繁殖期、激しく交尾しつづける。オスウサギは、メスを取り合って激しく争ううえ、さまざまなメスと交尾を重ねていく。

その激しさは、多くの肉食動物の上をいく。草食動物には、ほかにも繁殖期には、激しく交尾するものが多い。彼らは、弱肉強食の野生界では弱者であるため、〝肉食系〟といっていいくらい、セックスをして、一頭でも多くの子孫を残そうとするのである。

動物園と野生のライオン、顔つきが微妙に違うのは？

研究者の調査によると、動物園で飼育されているライオンは、野生のライオンとくらべると、平均で1センチ程度、顔が短いという。

動物園では、十分なエサを与えられる環境におかれるので、かたいエサを食べる必要がなくなり、あごの筋肉が退化するためだ。

黒ヒョウもよーく見ると「ヒョウ柄」だった!?

黒ヒョウと聞くと、全身が黒い毛に覆われた真っ黒のヒョウをイメージする。ところが、黒ヒョウの毛をそばでよく見ると、黒い毛並みの中に、わずかにヒョウ柄が見えてくる。

全身黒一色かと思いきや、黒ヒョウもちゃんとヒョウ柄なのだ。

黒ヒョウは、突然変異によって、全身の毛が黒っぽくなったのだが、ヒョウだけに、もともとのヒョウ柄がうっすら残っているというわけだ。

動物園のアリクイは何を食べている?

アリクイという名前は、もちろんアリを食べるところから名づけられた。中南米に生息している野生のアリクイは、アリやシロアリを常食している。野生のオオアリクイは、1日に3万匹ものアリを食べるという。

では、動物園では、アリクイに1日何万匹ものアリをエサとして与えているのだろうか?

とても、そんな大量のアリは確保できないので、自家製のエサを与えている。といっても、アリクイは歯が1本もないので、人間の赤ちゃん用の離乳食のようなペースト状のものしか食べられない。

動物園では通常、鶏のミンチ肉やドッグフード、バナナ、ヨーグルト、牛乳などをミキサーにかけ、混ぜ合わせたものを与えている。

家庭でペットとして飼っている人は、それらの食材から2、3種類を組合せ、食べさせているケースが多いようだ。

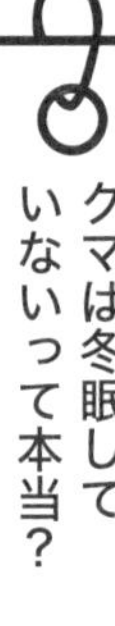

クマは冬眠していないって本当?

冬になると、北海道や本州のクマは、岩穴や樹穴などにもぐりこんで、冬ごもりに入る。

「クマの冬眠」という言い方もあるが、これは厳密にいえば、正確な表現とはいえない。

そもそも「冬眠」とは、爬虫類や両生類のように、体温が下がり、体の機能も低下した状態のことをいう。クマの場合、体温は低下しないし、体の機能も落ちてはいない。

つまり、冬眠というよりも、長期間の睡眠のような状態なので、「冬ごもり」と表現するのが正しい。

冬ごもり中のクマ、とりわけメスのクマは、穴の中で重要な活動を行っている。出産である。クマは初夏に交尾し、メスのクマは冬ごもりの間に穴の中で出産する。

クマが冬ごもりにはいるのは、エサが乏しくなるからだ。

クマは雑食だが、冬になると植物は枯れ、小動物の多くも冬ごもりしてしまう。活動するに十分な食糧を得られなくなるので、省エネのため、冬ごもり生活にはいるのである。

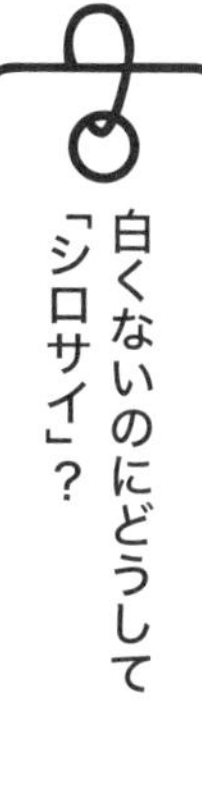

白くないのにどうして「シロサイ」？

シロサイといっても、その肌色は白ではなく、黄褐色に近い色。それがシロサイという名になったのは、昔の日本人のちょっとした勘違いが原因である。

シロサイは、クロサイと比べると、口の幅が広いため、英語では「wide」と呼ばれる。それが日本語に訳されるとき、「wide」と「white」が混同されて、日本ではシロサイの名で呼ばれることになった。

レッサーパンダが2本足で立てるのは？

人間のように2本足で立つことから、人気を集めたレッサーパンダ。それにしても、なぜレッサーパンダは、あれほど上手に2本足で立てるのだろうか？

それは、レッサーパンダのかかとが、地面にぴったりとついているから。レッサーパンダは、人間やサルと同様に、歩くときに指先だけでなく、かかとまでつけて歩く。だから、安定よく、2本足で立てるというわけだ。

また、レッサーパンダは、サルと違っ

て、ひざを直線に近い状態まで伸ばすことができる。

だから、ひざが曲がったままのサル以上に、しゃきっと直立できるのだ。

放し飼いのクジャクは、なぜ飛んで逃げないの？

動物園のなかには、クジャクを放し飼いにしているところがある。しかし、クジャクも鳥。放し飼いにして、飛んで行ってしまうことはないのだろうか？

その心配はほぼない。クジャクは、長距離を飛べる鳥ではないうえ、一定の行動範囲のなかで暮らすという習性がある。

よほどエサにでも困らないかぎり、クジャクは遠くへは飛んで行かないのである。

トラの縞模様は「タテ縞」？それとも「ヨコ縞」？

トラの体には、黒の縞模様が入っているが、あの縞はタテ縞なのだろうか？それともヨコ縞なのだろうか？

答えは、ヨコ縞が正解。

動物の縞模様は、正中線に対して直角のものをヨコ縞、平行なものをタテ縞と定義する。正中線とは、脊椎(せきつい)動物の場合、おおむね背骨のことだ。

だから、トラの背骨とほぼ直交してい

る、トラの縞模様はヨコ縞になるわけだ。

　じつはこのヨコ縞模様、トラが草むらに隠れて獲物を待つとき、大いに役に立つ。そのヨコ縞模様が周囲の草とよくなじみ、獲物の目をあざむくことができるのだ。

どうやってペンギンに行進を教えるのか？

　動物園のペンギンが一列に並んで行進するのは、調教の成果ではない。ペンギンは野生種も行進するのだ。

　むろん、ペンギンに行進しているという意識はなく、彼らは生まれついての「習性」に従っているだけのこと。ペンギンには、自分とは種の違う動物と一定の距離を保とうとする習性があるのだ。

　その証拠に、動物園でペンギンの行進を観察すると、飼育係があちこちに移動していることがわかる。ペンギンが前進したり、向きを変えるのは、飼育係が近づいてきたときに、人間との距離を保つための回避行動なのである。

　行進の途中でペンギンの列が左右に分かれることがあるが、それも飼育係が列中央に近づいてくるから。ペンギンが一列に並んで、行儀よく飼育小屋に入っていくのは、後ろから飼育係が追ってくるからだ。

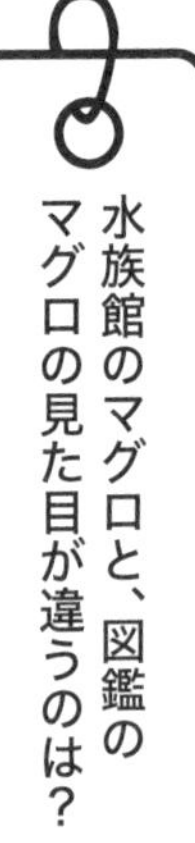

水族館のマグロと、図鑑のマグロの見た目が違うのは？

魚類図鑑に載っているマグロには、背びれが描かれている。一方、水族館で泳いでいるマグロは、背びれが見当たらないことが多い。

これは、図鑑が間違っているわけではない。マグロの背びれは、出したり引っ込めたりできる格納式になっているのだ。そして、マグロは泳ぐときには、水の抵抗を少なくするため、背びれをひっこめてしまう。だから、水槽の中を泳ぎ回るマグロには、背びれが見当たらないというわけだ。

ただ、マグロは泳いでいる間、背びれをずっと格納しているというわけでもない。方向転換するときや、スピードを落としたいときには、背びれを立てて、向きや速度を調節する。

水族館のマグロが餌を少ししかもらえないのは？

養殖マグロには、1日当たり体重の約20%もの量のエサが与えられている。一方、水族館のマグロは、体重の4%ほどの量しか与えられていない。

むろん、その食事量の違いは、食用に

するかどうかの違い。養殖マグロは短期間にトロ（脂肪分）を増やして出荷しなければならないため、大量のエサを与えられている。

一方、水族館では長期間、展示するために、エサの量をできるだけ減らして、ゆっくり育てるのである。

水族館のサメは、なぜ他の魚を襲わないのか？

水族館の巨大水槽では、サメと他の魚が仲良く同居していることがある。なぜ、水族館のサメは、ほかの魚を襲わないのだろうか？

その理由は単純で、水族館のサメは飢えていないから。あえて他の魚を襲う必要がないのである。

生き物が他の生き物を捕獲するのには、相当のエネルギーを使う。サメも苦労せずにエサがもらえる環境なら、面倒な狩りなどしないというわけだ。

シーラカンスが絶滅を免れたのはなぜ？

シーラカンスは、「生きた化石」として知られている。約4億年前、古代デボン紀初期時代から生き残ってきた生物である。

多くの生物が絶滅してきたなか、シーラカンスが生き残った理由の一つは、深海を棲処にしたことだ。ひとくちにシーラカンスといっても、かつてはさまざまな種類があり、全盛期には淡水に進出するシーラカンスもいれば、全長4メートルにもなる大シーラカンスもいた。そのシーラカンス種の中で、深海を棲処とした種のみが生き残ったのだ。

昼間は水深600メートルあたりにいて、敵から身を隠している。夜になると海面近くに浮上し、エサを食べる。深海を本拠とすれば、天敵となる魚は少なくなり、また天変地異の変動による影響も小さかったと考えられるのだ。

「溺れる魚がいる」というのは本当か？

魚にも溺死する種類がいるのをご存じだろうか。マグロやカツオといった回遊魚である。

これらの種類の魚は、高速で泳いでいるときにしか、うまく呼吸できない。泳ぐ速度が落ちると、エラに水がスムーズに流れなくなり、酸素を取り込めなくなってしまうのだ。

だから、狭い海域に入り込んだりして、泳ぐスピードが落ちると、酸素をうまく取り込めなくなって、溺れ死ぬことがある。

海を泳ぐ鮭が塩鮭にならないのは？

朝ご飯や、お弁当のおかずの定番といえば、塩鮭である。塩鮭は、鮭を塩漬けにして作るが、ではなぜ、海で泳ぐ鮭は塩鮭にならないのか？

たしかに、海にいる鮭は、いつも海水に浸かり、海水を飲んでいる。だから、鮭は生前から塩漬け状態といえるのだが、それでも塩味にならないのは、鮭を含めて魚の体には塩分を強力に排出する機能がそなわっているからだ。

たとえば、塩水を取り込んだ鮭は、水分だけを小腸から吸収し、余分な塩分はエラを使って、体の外に出すことができる。そんな仕組みがあって、鮭を含めて魚は塩水を飲みつつも塩味にはならないのである。

「きれいな水で飼うと病気になる魚」とは？

魚のなかには、きれいな水のなかで飼うと、かえって病気になってしまう変わり者がいる。ドジョウである。

ドジョウは「泥鰌」と書くように、泥のなかに棲む魚。泥のなかにいると、ドジョウにとっては有用な菌が病原菌の繁殖を防いでくれる。

しかし、きれいな水にはその菌が少ないため、病原菌が繁殖、ドジョウは病気になってしまうのだ。おもに、カラムナリス病と呼ばれるエラの腐る病気にかかり、弱ってしまうことが多い。

トラフグ、トラハゼ…「トラ〜」という魚の共通点は？

魚の名前には「トラ」という言葉がよく使われる。トラフグ、トラウツボ、トラエソ、トラハゼ、トラザメなどである。

それらの魚の共通点は、縞模様が入っていること。

たとえば、トラフグやトラザメは、いくつかの黒い模様がつながって、縞模様のように見える。そこで、縞模様の代名詞ともいえる「トラ（虎）」という言葉が使われたわけである。

ヒラメは豊漁期に味が落ちるヘンな魚!?

ヒラメは3月ごろに産卵期を迎え、産卵を終えるとやせ細ってしまう。そんな脂が落ちた魚がうまいはずもない。

ところが、ヒラメの豊漁が続くのは、その味が落ちた時期。ヒラメは産卵期に

浅瀬にやってくるため、その時期に豊漁になることが多いのだ。

一方、ヒラメがおいしさを増すのは冬場。とりわけ、初冬、日に日に寒くなる季節を乗り切るため、エサを豊富に摂取してたっぷりと脂肪をつけた「寒ビラメ」が最高の味とされる。

明治時代に日本にやってきた、いまではポピュラーな魚とは？

ニジマスは、明治初期、食用目的で日本に卵が持ち込まれた魚。江戸時代までの日本列島には、ニジマスは1匹もいなかったのである。

当時、ニジマスの卵を持ち込んだのは、内務省水産係の関沢明清という人物。彼は、アメリカで養殖を学び、持ち帰った卵を四谷の自宅で孵化させ、繁殖を成功させた。それが各地に広がったのである。

市販のホタルイカがメスばかりなのはどうして？

ホタルイカは、体長6～7センチの小型イカ。そのうち、店頭に並んでいるものは、ほとんどがメスである。なぜ、メスばかりが出回るのだろうか？

そうなる理由は、ホタルイカの生態と漁法にある。ホタルイカは例年2～3月頃に交尾し、4〜5月頃に産卵するのだが、そのさい、メスの群れだけが沖合の深場から沿岸に向かって浮き上がってくる。漁師はそのときを待ち構えていて、一網打尽にする。だから、店頭に並ぶホタルイカは、自然とメスばかりになってしまうのだ。

なお、オスのホタルイカは、交尾後も深海にとどまり続けるので、網にかかる比率はメスの1000分の1程度だ。

すべての犬種を掛け合わせると、どんな犬が誕生する?

大型犬から小型犬まで、すべての犬種をランダムに掛け合わせ続けたら、どんな犬ができあがるだろうか?

さまざまなイメージがひろがるところだが、どこにでもいるような雑種犬ができるはずというのが、専門家の予想。体重は10キロ前後、毛の色は茶色で、立ち耳で巻き尾の犬になる可能性が高いという。

現在の犬種は、「狩猟用」「愛玩用」「番犬用」など、目的に合わせて人工的につくりあげてきたもの。その目的の違う犬種を手当たりしだいに掛け合わせたとしても、それ以上に個性的な犬にはならず、いわゆる雑種が生まれてくるというわけだ。

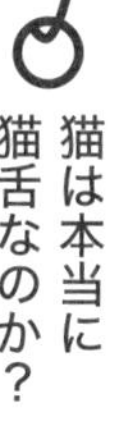

猫は本当に猫舌なのか?

熱い料理や飲み物が苦手な人が、「猫舌なもので」と弁解することがある。この「猫舌」という表現は、猫が熱い料理やミルクを嫌うところから、生まれた言葉だ。

現実に、猫はかなりの猫舌である。ただし、それは猫に限った話ではなく、犬でも牛でも馬でも、動物はみな猫舌だ。人間は、食べ物を加熱してから口に入れることが多いが、自然界の動物にそんな食習慣はない。人間以外の動物にとって、熱いものはそれだけで食べ慣れないものなのだ。

ただし、最近では、猫の中にも例外がいる。

飼い猫の場合、子猫のころから、温かいミルクなどを飲んでいることもあって、温かい飲食物に適応する習慣がつき、少々熱いものでも平気で食べる猫が登場している。

「猫は魚が好き」というのは、日本人の勝手な思い込み?

猫といえば、魚が好きというイメージがあるが、野良猫は魚をとらない。川や海などの水辺で、猫が魚をとっている光景を見たことはないだろう。

猫が魚をとろうとしないのは、猫が水嫌いだから。イエネコのルーツは、エジプトのリビアヤマネコであり、砂漠的な環境に適応した種だった。その遺伝子は、現代の猫にも残っていて、猫は水に濡れることを嫌がり、水辺は近づこうとさえしないのだ。

そんな水嫌いの猫が大の魚好きだというのは、日本人の勝手な思い込みといえる。

猫はたんぱく質の多い食べ物、なかでもビタミンやミネラルの多い生肉を好む。生の魚はその一つにすぎないのだ。

親バトはいっぱいいるのに、子バトを見かけないのは？

神社でハトに豆をやっても、体の小さな子バトが近寄ってくることはない。では、子バトはどこにいるのかといえば、巣の中で親の帰りを待っているのである。

鳥には「早成型」と「晩成型」という2種類の育ち方がある。そのうち、ニワトリのヒヨコのように、ヒナのうちから巣を離れてヨチヨチ歩きだすものは「早成型」という。一方、ハトは「晩成型」の代表格で、生まれてから1ヶ月間ほどかけて成長してから、ようやく巣を離れ、そのときには親とほぼ同じ姿になっている。ヨチヨチ状態の子バトを見かけることがないのは、そのためだ。

なお、生まれてまもない子バトは、全身が黄色っぽい産毛に覆われ、大人のハトとはまるで違う姿をしている。

“歩けない鳥”ハチドリの知られざる謎とは？

北米から南米にかけて広く分布するハチドリは、地面を歩くことができない。花から花へ飛び回って、花の蜜を採集するところは見られても、地面を歩く姿を目にすることはないのだ。

ハチドリは、鳥のなかでも最小の種類。体長6センチ、体重2グラムほどで、脚も極小のため、その小さな体さえ支えられないのである。

ウグイスの「ホーホケキョ」の「ホー」は息を吸う声!?

ウグイスの鳴き声といえば、「ホーホケキョ」である。しかし、若鳥の頃から「ホーホケキョ」と鳴くわけではない。最初はせわしなく「ケキョケキョケキョ」と短く鳴き、慣れてきたら「ホー」と伸ばすようになるのだ。

この「ホー」と伸ばす音は、息を吸う

ときの音。

ウグイスは「ホー」と長く伸ばしている間に息を吸い、「ホケキョ」と息を吐き出しているというわけだ。

カタツムリは何のためにブロック塀に張りついている？

梅雨の時期の風物詩の一つに、ブロック塀に張りついたカタツムリがある。

そのとき、カタツムリは移動中ではなく、食事中。ブロック塀を食べているのだ。カタツムリの殻はカルシウムでできているので、カタツムリは殻を作るために多量のカルシウムを必要とするのだ。

森では石灰分を多く含んだ石や仲間の貝殻から摂取しているが、町中では石灰分を含んでいるブロック塀から、必要な栄養を補給しているというわけだ。

カタツムリは「歯舌」と呼ばれる小さいながらも鋭い歯を1万本も持っている。その歯で少しずつブロック塀をかじりとっている。

ミミズはどんなときに地上に出てくる？

土の中にいるはずのミミズが、路上をのそのそと這っていて驚くことがある。なぜ、ミミズは地上に出てくるのだろうか？

その理由は、いくつかある。まず、土の中が水浸しになって酸素不足に陥ったときに、地上に這いだしてくると考えられている。

ミミズは、皮膚呼吸によって酸素を体内に取りこんでいるのだが、土中が水浸しになると、皮膚呼吸できなくなる。そこで、酸素を求めて地上に現れるというわけだ。

もう一つの説は、ミミズは、他の動物の接近を感知して、地上に逃走してくるという説。

ミミズに目や耳はないが、体全体で周囲の振動をとらえ、他の動物の動きや周囲の環境変化に敏感に反応する。

ミミズは自らのセンサーによって何らかの振動をキャッチしたとき、その振動元から遠ざかろうとして地上に出てくるとも考えられている。

虫の鳴き声が、電話ではなかなか伝わらないのは？

虫の声を電話で家族や友人に聞かせようと思っても、相手は「何も聞こえないよ」というはずだ。残念ながら、虫の声は電話では伝わらないからである。

一般に、固定電話や携帯電話で伝えられる周波数は、人の声に対応するため、

300～3400ヘルツに設定されている。ところが、虫の声の周波数は、コオロギが5000ヘルツ以上で、スズムシが4000ヘルツ以上、キリギリスは8000ヘルツ以上と、いずれも電話で伝わる音域を上回っている。

虫の声は周波数が高すぎて、電話では伝わらないのである。

決まった場所に〝蚊柱〟が立つのはどうして？

夕方になると、河原などに蚊柱が立つことがある。

無数の蚊が渦のようになって飛び回るのだが、あの蚊のほとんどはユスリカの仲間だ。ユスリカの成虫は口が退化しているので、近づいても刺される心配はない。

その蚊柱には、いつも同じような場所に立つという特徴がある。それは、ユスリカが〝とがったもの〟を目印にしているからと考えられている。

一般に、木の枝や杭、切り株、煙突、屋根などが目印になる。ユスリカは、視覚で判断して、それらの目立つ場所に集まってくるのだ。

ユスリカが蚊柱を作るのは、交尾のためである。

ユスリカの成虫の寿命は、わずか2～

3日。単独で飛んでいると、メスと出会えるチャンスがほとんどないので、オスたちが蚊柱をつくって目立つように飛びまわる。

そこへメスが近づいてくると、蚊柱からオスが抜けだして交尾するというわけである。

蚊は建物の何階まで上に上がれるか？

夏になると蚊取り線香のCMが流されるように、日本の夏に蚊は付き物である。

しかし、マンションの高層階に住んでいる人には、夏でも蚊を見かけないという人が多い。

たしかに、蚊にはマンションの高層階まで飛び上がる力はない。研究者によると、蚊は体が軽すぎて、風に流されるため、上昇能力はせいぜい2階が限界だという。

それでも、ときどき高層階にも出没するのは、人の体や荷物について運ばれたり、エレベーターのなかに入り込んで、上層階までたどりつくためだ。

カブトムシが片足を上げておしっこする理由は？

片足をあげておしっこをするといえば、

すぐに思い浮かぶのは、オス犬である。散歩中の犬は、電信柱を見つけては片足をあげておしっこをする。

そんな動物は犬だけかと思いきや、昆虫の世界にも足をあげておしっこをする虫がいる。コガネムシ科の昆虫、カブトムシである。

専門家によると、カブトムシはオスだけでなく、メスも片足をあげておしっこをするという。

その理由は定かではないが、片足をあげて、体がおしっこで汚れるのを防いでいるのではないかという説がある。カブトムシの肛門は、ほかの昆虫と違ってお腹のほうについているため、片足をあげないと汚れてしまうのである。

ウンチにたかるハエが病気にならないのは？

ウンチといえば、ばい菌がたくさん含まれ、汚いものとされている。たしかに、大腸菌などが多く含まれており、不衛生なものであることは間違いない。

ところが、虫のなかには、ハエやフンコロガシのように、動物の糞をエサにする虫もいる。ではなぜ、ハエやフンコロガシは、糞を食べても細菌感染症にかからず、元気でいられるのだろうか？

それは、昆虫特有の抗菌タンパク質が、

体を病原菌からガードしているから。そのタンパク質は、今から20年ほど前に発見され、現在では50種類以上あることがわかっている。この昆虫の抗菌タンパク質は、新たな薬剤や農薬への応用が期待される今注目の物質でもある。

クマバチとスズメバチ、どっちがコワい？

黒と黄色の毛に覆われたクマバチ。見かけたら、思わず逃げ腰になる人が多いことだろう。

体が体長2センチ以上と大きく、クマバチという名前の響きも手伝って、刺されたらいかにも痛そうな迫力あるハチである。

しかし、クバマチは、スズメバチのような危険なハチではない。こちらが攻撃をしかけないかぎり、人間を襲ってくることはないおとなしいハチだ。体の大きさと名前から、クマバチは誤解されているのだ。

また、日本では、スズメバチを含めた大きなハチを総称して「くまんばち」と呼ぶことがある。そこから、クマバチもスズメバチのように危険と勘違いされたこともあるようだ。

クマバチを見かけたら、騒がずにそっとしておこう。

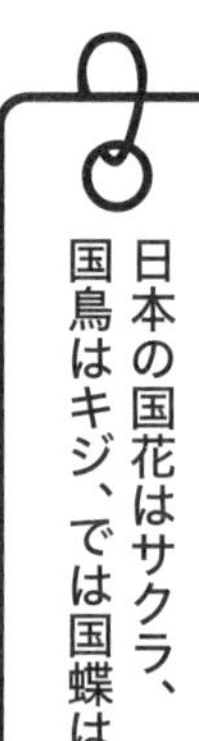

日本の国花はサクラ、国鳥はキジ、では国蝶は？

日本の国花がサクラ、国鳥がキジであることは、多くの方がご存じだろう。では、国蝶は何だろうか？

正解は、オオムラサキである。オオムラサキは、光沢のある青紫色の羽をもつ美しい大型蝶で、北海道から九州まで広く分布し、雑木林などに棲んでいる。

ところで、世界的に見て「国蝶」を決めている国は少ない。日本では、1957年、昆虫学会40周年記念大会で行われた投票によって、日本全国に分布しているオオムラサキに決定された。

オオムラサキは中国やベトナムにも生息しているが、世界で初めて発見されたのは神奈川県横浜市で、学名の「sasakia」は、わが国の昆虫学の草分けの1人である佐々木忠次郎に由来している。

そのことも、オオムラサキが国蝶に選ばれた理由だった。

肉食恐竜が悩まされていたある深刻な病気とは？

「贅沢病」と、ときに揶揄される痛風。白亜期の覇者といわれる肉食恐竜ティラノサウルスも、じつは痛風に悩まされていた。

そのことは1997年、アメリカのオハイオ州北東部関節炎センターのロスチャイルド博士らによって突き止められた。カナダで発見されたティラノサウルスの化石を調べたところ、足の指に損傷があり、放射線鑑定によって痛風によるものとわかったのだ。

ティラノサウルスが痛風になったのは、肉食のためだろう。痛風は血液中の尿酸値の上昇によって引き起こされ、過度な肉食は尿酸値の上昇につながりやすい。

ティラノサウルスは、その肉食性ゆえに現代人も悩まされている症状をかかえることになったのだ。

トウモロコシの粒の総数が必ず偶数になるのは?

トウモロコシには、不思議な法則がある。全体の粒の総数がなぜか必ず偶数になるのだ。

トウモロコシの粒は、メス穂と呼ばれる部分が成長したものなのだが、そのメス穂は成長過程で粒がどんどん二つに分裂していく。

基本が偶数の2なのだから、何度、倍にしても、答えは必ず偶数。

それが、トウモロコシの粒の総数が必ず偶数になる理由だ。

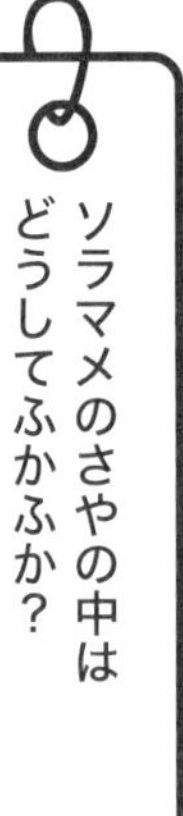

ソラマメのさやの中はどうしてふかふか？

ふかふかのさやの中で成長するソラマメ。なぜソラマメのさやの中は、あれほど柔らかいのか？

いうまでもなく、植物にとって、豆は赤ちゃんである。そのため、マメはさやの中で守られながら、大事に育てられる。さやの中がふわふわの綿でくるまれているのは、大切な豆を保護するためなのだ。

ちなみに、ソラマメのふかふかの部分はセルロースという本物の綿と同じような成分からできている。

綿は、マメが小さなうちはふわふわだが、成長して大きくなり、保護が不要になるにつれ、しだいに固くなっていくのが普通である。

樹木の高さがふつう130メートルどまりなのは？

記録に残る世界最高の高木は、樹高143メートル。それもさまざまな条件がそろったからで、植物は通常、高さ130メートル以上には生長できない。それ以上、生長できないのは、水を吸い上げる能力に限界があるからだ。

植物は、毛細管現象や葉の蒸散作用に

よって、水を吸い上げているが、それらの力を合わせても、高さ130メートルあたりが上限。

それ以上は水分を吸い上げられないので、それ以上には生長できないというわけだ。

世界最長の植物はどこに生えている？

前項で地上で最も高い木は樹高143メートルと述べたが、海中にはそれ以上の高さ（長さ）を誇る植物が生存する。海藻オオウキモ（通称ジャイアントケルプ）は、長さ200メートルにも達するのだ。

ジャイアントケルプは、昆布やワカメと同じ褐藻の仲間で、アラスカからカリフォルニアにかけて広く分布している。

世界で一番種類の多い植物は？

地球上には約30万種の植物が存在するが、最も種類が多いのはラン科の植物である。2万5000種を超えるので、地球上の植物種の約8％はラン科というわけだ。

ランの種類が多いいちばんの理由は、地球上の大半の地域に分布していること。ランは、多様な環境に合わせて進化する能力をもち、どんどん生息範囲を広げるとともに、種類を増やしてきた。ランの形や色が多様なのは、さまざまな環境に合わせて進化した結果なのだ。

じつは、バナナはフルーツではない!?

消化がよく栄養価も高いことから、朝食やおやつにぴったりのフルーツといえば、バナナである。

そのバナナが植物分類上は「草」に属すると聞けば、驚く人が多いに違いない。

バナナは、ショウガ目バショウ科バショウ属の草。バナナは、大木になっているイメージがあるが、じつは草のままの状態で、生長しているのだ。

ただ、その〝草〟が、1・5メートルから、大きなものだと10メートルぐらいの高さにもなるので、草だといってもピンとこないかもしれない。

しかし、バナナの木のように見える草を切り倒しても、そこには木特有の年輪はみつからない。何重にも重なった葉がみえるだけである。

体育座りは、腰痛の原因になる!?

いわゆる「体育座り」は、お尻を地面

につけ、曲げた膝を両手で抱える座り方。運動場などで、教師の話を聞くときには、欠かせない座り方である。

ところが、近年、この座り方が「腰痛」の原因になると指摘されている。腰と背中を丸める形になるため、かたい地面や床面の上で、この姿勢をとると、腰痛を起こしやすいというのだ。

そもそも、「体育座り」は1965年、教師向けに発行された「集団行動指導の手引き」で紹介された座り方。それ以前は、運動場などで、立ったまま、校長らの長話などを聞いていたのだが、貧血や熱射病などで倒れる子供が続出。そこで、教師の話を聞くためのこの「新しい姿勢」が推奨されたのだ。

しかし、それから半世紀余りを経て、現在、教師の話を聞く「新しい姿勢」が求められるようになりはじめている。

人間は起きていても1日75分間、目を閉じている!?

人間は、眠っていなくても、目を閉じている時間がけっこうある。いうまでもなく、人は起きている間中、絶えずまばたきをしているからだ。

通常、人が1日でするまばたきの平均回数は、約1万5000回。まばたき1回に使う時間は約0・3秒なので、毎日

75分間は目を閉じていることになる。一瞬で終わるまばたきだが、積み重なればそれだけの時間を費やしていることになるのだ。

シャワーを浴びると、おしっこしたくなるのは?

「シャワーを浴びると、トイレが近くなる」という人がいる。シャワーを浴びると、尿意を感じてしまうのだ。

これには、二つの理由が考えられる。まず一つが、シャワーを浴びることによって、交感神経が刺激されるからという説。その結果、心拍数が上がって血液循環がさかんになり、尿意がうながされるというわけだ。

そしてもう一つが、シャワーの水音が尿意をもよおすという説。おしっこをするとき、人はその水音を聞くことになるので、脳の中で水音と尿が結びつき、水音を聞くだけでトイレが近くなるのだ。

というわけで、シャワーを浴びると尿意を感じるのは、一種の条件反射だともいえる。

とげが心臓に達すると危ないって本当?

「とげや破片が皮膚に入って心臓まで達

すると、命が危ない」という話を、どこかで耳にしたことはないだろうか？

異物が血管を伝って心臓に流れ込んでしまうと、人は死んでしまうという〝伝説〟である。

しかし、医学的な見地からみれば、この話は真っ赤なウソである。

まず一つに、直径8～40ミクロン程度の毛細血管に破片が入り込むのは、至難の業だといえる。

またさらに、たとえ血管内に入って心臓に達しても、とげや破片は心臓内で止まらずに肺に達して、そこで繊維化してしまうので、人体に悪影響をおよぼすとは考えにくい。


この話は、破傷風や敗血症などが多かった昔、異物に対する注意を促すために作られた説のようだ。

爆笑したときに手を叩くのはチンパンジーの習性だった！

人間は外部からの刺激を緩和するために、何らかのアクションを起こす。

子どもがころげまわって笑うのも、嬉しくてぴょんぴょん跳ねるのも、大人が爆笑したときに、パンパンと手を叩いてしまうのも、みな外部刺激を緩和するための反応だという。

そして、そのような行動は、興奮した

チンパンジーにも見られる。チンパンジーも、興奮したときにパンパン手をたたいたり、ぴょんぴょん飛び跳ねたりするのだ。

つまり、サルを祖先にもつ人間には、チンパンジーと同じ習性が残っていて、爆笑したときなどは、チンパンジーと同じ反応をとってしまうのである。

ただし、大人の場合、大笑いしても、せいぜい手を叩く程度で、ころげまわったり、飛び跳ねたりしないのは、それが子どもじみた行為であるとわかっているから。

つまり、爆笑しながらも、理性が本能を抑制しているのである。

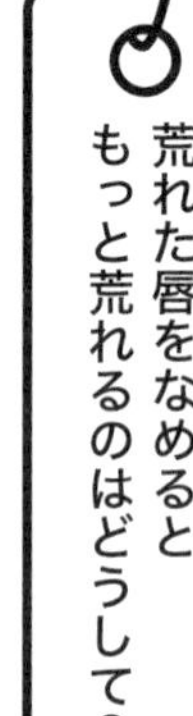

荒れた唇をなめるともっと荒れるのはどうして?

顔にある目、鼻、口のパーツのうち、粘膜でできているのは唇だけ。しかし、改めて考えてみると、どうして唇だけが粘膜なのか、不思議に思う。じつは唇は、口の中の粘膜が、進化の過程で一部分、外に露出したものなのである。

粘膜でできているため、唇には汗腺や皮脂腺がない。デリケートで乾燥しやすいし、紫外線のダメージも受けやすい。慢性的に水分や脂分が不足しがちなうえ、食べ物や化粧品の刺激によっても、唇は荒れやすく、ひどい場合には、ひび割れて血がにじむこともある。

　そんなとき、つい唇をなめたくなってしまうが、荒れた唇をなめると、さらなる乾燥を招いてしまい、症状を悪化させることになる。

なぜ、人は困った時に独り言を言ってしまうのか？

　困ったとき、つい独り言を言っている自分に気づくことがある。

　その多くは、一時的に「幼児返り」している表れである。困って頭がパニック状態になると、幼児のころの習性が出てしまうのだ。

　幼児は、自分の頭の中で考えていることと、人に言いたいことの区別がつけられない。そのため、考えついたことを何でも口にしてしまうが、精神的に発達してくると、自分の頭の中で考えていることは、自分の頭の中にとどめておくようになる。

　ただ、幼児のころの習性はどこかに残っていて、ときどき独り言として出てしまうのだ。

　また独り言は、老化現象だという見方もある。自己コントロール能力が低下し、頭に浮かんだことを何でも言葉にしてしまうのだ。

生まれたばかりの赤ちゃんが笑うのはどうして？

赤ちゃんは生後1ヶ月ぐらいすると、母親が笑いかければ、赤ちゃんも笑う。その笑みは反射性のものといわれるが、生まれたての赤ちゃんがそれ以外の笑いを浮かべることもある。

突然微笑んだり、眠りの中で笑みを浮かべたりするので、自発的に笑っているようにしか思えない。

生まれたての赤ちゃんがなぜ笑うのか？――その理由は解明されていないが、有力説の一つは保護を求めてというもの。生まれたての赤ちゃんは無力な存在であり、誰かに保護してもらわねばならない。

笑いを浮かべて、親たちに「かわいい」と思わせれば、その保護を得ることができる。人間には、そのような生き残り戦略がプログラミングされていて、生まれてすぐの時期にそのプログラムが発動されるという説だ。

「靴下を履いて寝てはいけない」って本当？

夜、眠る時、多くの親は、子どもに靴下を脱いで布団に入るように教える。靴下を履いて寝てはいけないというのは、一種の常識のようになっているが、医学的にはつねにそうだともいえない。

いいか悪いかは、ケース・バイ・ケースである。たとえば、足が冷えて眠れないのであれば、靴下を履き、足を温めて寝たほうが、体全体に好影響を与えるだろう。ただ、靴下を履いて寝ると、足が蒸れやすくなるので、水虫の原因になりやすい。また発汗しすぎて、かえって風邪をひく原因になることもある。

また、寒さ対策で靴下を履いて寝る場合も、きつい靴下を履くと逆効果になりかねない。足の血流が悪くなり、かえって冷えてしまうことがあるからだ。

蚊に刺されたかゆみを一瞬でおさえるには？

蚊に刺されたとき、そのかゆみを抑える裏ワザがある。その方法は簡単で、かゆみのある部分とは別のところを氷などで冷やすのである。たとえば、右手を刺されてかゆい場合は、左手を冷やせばよい。

そもそも、かゆみや痛み、冷たさといった刺激は脳で感じるが、脳内では、刺激の優先順位が決まっていて、「冷たさ」の方が「かゆみ」より優先順位が高い。かゆみと冷たさを同時に受けると、冷たさが優先され、一時的にではあるが、かゆみを感じなくなるのである。

同じ25℃でも、昼より夜の方が暑いのは？

日中の25℃と、夜の25℃をくらべると、同じ気温なのに、夜のほうが暑く感じるもの。なぜだろうか？

それは、同じ25℃でも、夜のほうが湿度が高くなるから。不快指数でみると、気温が25℃でも湿度が30％におさえられているときは、不快指数は70だが、同じ気温でも湿度が80％に上がると、不快指数は75にアップするのだ。

不快指数は、75を超えた時点で人口のおよそ1割が不快に、80を超えるとほぼ全員が不快になるという数字。同じ25℃でも、不快に感じるかどうかは、湿度の高さにかかっているのだ。

水が凍るときの気温が0℃でないワケは？

水が凍って氷になるのは、当然のことながら、0℃と決まっている。

ところが、ある年、東京で初氷が観測されたとき、最低気温は4・4℃だった。0℃にならずに水が凍ることなど、ありうるのだろうか？

タネを明かせば、天気予報などで発表

される気温と、氷ができる場所の温度には、差があるからである。

天気予報で発表される気温は、地面から1・2～1・5メートルの高いところで測ったもの。夜間、地面近くの温度は、それよりもはるかに冷え込むのだ。

4年に1度しかない2月29日の平均気温は？

平年気温は、過去30年間の気温の平均値。すると、4年に1回しかやってこない2月29日の平年気温は、どうやって算出するのだろうか？

2月29日がある閏年は4年に1回だけに、過去30年のデータといっても、7～8回分にしかならない。そこで、2月28日と3月1日の平年気温の平均値が使われている。

雨に濡れた洗濯物はきれいなのか？

洗って干した洗濯物が、雨に濡れて台無しになってしまうことがある。そんなとき、濡れた洗濯物を再び乾かしてもいいのだろうか？

答えは、ノー。一度洗ったものだから衛生的と思いきや、雨によって汚されているからだ。

雨は、大気中の汚れを含んで地上に降るので、けっしてきれいなものではない。雨に濡れた洗濯物をそのままにしておくと、シミやにおいの原因になるのだ。だから、面倒でも、雨に濡れた洗濯物は、もう一度洗い直したほうがいい。

「木枯らし1号」は、東京と大阪でしか吹かない!?

地方で暮らしている人にとって、「木枯らし1号」は耳慣れない気象用語ではなかろうか。

単なる木枯らしは、乾燥した冷たい北風のことなので、日本列島のどこでも吹いている。

一方、気象用語の「木枯らし1号」は、その年初めて吹く木枯らしのこと。厳密には「風速8メートルを超える北寄りの風」と定義され、東京では、早ければ10月下旬、遅い年は12月になってから吹く。

その「木枯らし1号」は、関東や近畿に住む人は、晩秋に一度は耳にする言葉だが、地方の人があまり知らないのは、「木枯らし1号」を観測・発表しているのが、東京の気象庁と大阪管区気象台に限られるからだ。

昭和40年代ごろからの慣習で、マスコミの要望によって、東京と大阪ではじまったもののようだ。

◉参考文献

「新聞に見る雑学のすすめ」東京新聞編（東京書籍）／「一歩身近なサイエンス」Ｑｕａｒｋ編（講談社ブルーバックス）／「なぜでしょう科学質問箱1〜5」日本放送協会編（法政大学出版会）／「日本列島なぞふしぎ旅」山本鉱太郎（新人物往来社）／「全国科学ゼミナール事典」西岡秀雄監修（三省堂）／「モノの履歴書」吉井敏晃（青弓社）／「動物の一生不思議事典」戸川幸夫監修（三省堂）／「これは意外！」「世界不思議物語」リーダーズダイジェスト社／「世界不思議百科」コリン・ウィルソン、ダモン・ウィルソン（青土社）／「ザ・ワルチンブック」デヴィッド・ワルチンスキー、アーヴィン・ウォーレス（集英社）／「知ったかぶり食通面白読本」主婦と生活社編（主婦と生活社）／「家庭生活大事典」（小学館）／「料理の基本大図鑑」大阪あべの辻調理師専門学校、エコール・キュリネール東京・国立監修（講談社）／「生物の雑学事典」大宮信光（日本実業出版社）／「科学の奇妙な世界」Ｊ・アカンバーク（ＨＢＪ出版局）／「言葉に関する問答集総集編」文化庁（大蔵省印刷局）／「新聞に見る日本語の大疑問」毎日新聞校閲部編（東京書籍）／「井上ひさしの日本語相談」井上ひさし（朝日新聞社）／「イージス艦のヒミツ80」柿谷哲也、菊池雅之（イカロス出版）／「図解戦車」「図解ヘビーアームズ」大波篤司（以上、新紀元社）／「よくわかるヒコーキ学入門」阿施光南（山海堂）／「異説日本人物事典」桑田忠親監修／「異説日本史事典」樋口清之監修（以上、三省堂）／「迷信・俗信大百科」不二龍彦（学習研究社）／「物が語る世界の歴史」綿引弘（聖文社）／「総集編世界史知ってるつもり」（新人物往来社）／「対人心理学トピックス１００」（誠信書房）／「心の謎を解く１５０のキーワード」小林司（講談社ブルーバックス）／「うつを治す」大野裕（ＰＨＰ新書）／「新幹線がわかる事典」原口隆行（日本実業出版社）／「歴史でひも解く鉄道の謎」櫻田純（東京書籍）／「男のからだ・女のからだ」Ｑｕａｒｋ編（講談社ブルーバックス）／「脳と心のトピックス１００」堀忠雄、齋藤勇編（誠信書房）／「モノづくり解体新書」（日刊工業新聞社）／「語源をつきとめる」堀井令以知（講談社新書）／「日本語はおもしろい」柴田武（岩波新書）／「なるほど語源辞典」山口佳紀編（講談社ことばの新書）／「日本故事物語」池田弥三郎（河出書房新社）／「さようならヒット商品こんにちはロングセラー」水喜習平（日本実業出版社）／「ヒット商品ネーミングの秘密」秋場良宣、竹間忠夫（講談社）／「旅客機・空港の謎と不思議」谷川一巳（東京堂出版）／「１００問１００答日本の歴史」歴史教育者協議会編（河出書房新社）／「ＤＩＭＥ」（小学館）／「ＳＰＡ！」（扶桑社）／朝日新聞／読売新聞／毎日新聞／日本経済新聞／ほか

※本書は、「できる大人の話のネタ全書」（小社刊／2013年）、「その先が聞きたくなる話のネタ帳」（同／2012年）、「話題のツボをおさえる本」（同／2010年）、「その道のプロが集めた話のネタ㊙ノート」（同／2009年）、「脳にいいこと全部やってみよう！」（小社刊／2008年）、「世界で一番おもしろい話のネタ帳」（同／2004年）をもとに、新たな情報を加え、再編集したものです。

青春文庫

一流の「雑談」を手に入れる 話のネタ大百科

2023年6月20日　第1刷

編　　者　話題の達人倶楽部

発行者　小澤源太郎

責任編集　株式会社プライム涌光

発行所　株式会社青春出版社

〒162-0056　東京都新宿区若松町12-1
電話 03-3203-2850（編集部）
　　03-3207-1916（営業部）
振替番号　00190-7-98602

印刷／大日本印刷
製本／ナショナル製本

ISBN 978-4-413-29830-8

ほんとうのあなたに出逢う　青春文庫

自分をどう愛するか〈生き方編〉
自分づくり
それぞれの〝私〟にある16の方法

〜新装版〜

人生にムダなものは一つもない――。
愛とは？ 友情とは？ 病とは？ 死とは？
「人間の生きる道」を語り尽くす

遠藤周作

(SE-823)

朝イチバンの1日1話
元気がわく習慣

〝今日〟という日は、幸運のはじまり！
心のなかにプラス感情を増やして
人生を明るく彩る74のヒント

植西　聰

(SE-824)

100ページで人を動かす！心理戦
【その気にさせる神ワザ篇】

その人間関係が、一瞬で〝いいつながり〟に変わる！ナッジ、承認欲求、心理的安全性……
要点だけを一冊でつかむ〝濃縮〟シリーズ。

サイコロジー・クラブ［編］

(SE-825)

不登校から脱け出すたった1つの方法
いま、何をしたらよいのか？

2万組以上の親子を支えてきた著者のロングセラー、文庫化。親子、家族、子どもに関わる全ての人へ。読むと優しい気持ちになれます。

菜花　俊

(SE-826)